이희자 목사 걸어온 길

이뢰자(雷子) 목사 약력, 경력

약력

1915. 11. 4	황해도 곡산에서 출생	
1949. 4. 22	북에서 월남	
1954. 3. 1	부산 고려신학교 입학	
1956. 1. 4	중심성결 받음	
1957. 5. 21	10개월 철야기도 시작	
1958. 3. 19	「요한계시록」 음성으로 알려온 해석 받아씀(4~14장)	
1960. 3. 1	「말세비밀」 출간, 전국적으로 부흥 성회 인도	
1964. 9. 24	「새일수도원」 건축 시작	
1965. 5. 15	「새일수도원」 완축 및 헌당식	
1967. 8. 15	권세 새힘 받음(사40:27~31)	
1967. 10. 15	입에 하나님의 말씀이 임함(사28:11, 59:21), 「말씀의 칼」 받아씀	
1968. 1. 1	「여호와 새일교단」 창립	
1968. 5. 27	「조직신학 강의」, 「선지서 강의」, 「요한계시록 강의」 등 받아쓰기 시작	
1970. 3. 1	「새일중앙교회」 창립	
1970. 7.	「아름다운 소식」 월간지 (1970.7~1972.9월호까지 발행)	

이뢰자 목사

경력

강원도 홍천과 인제 두 곳에서 개척 교회, 보수동교회(부산) 담임
영도침례교회(부산) 담임, 세도침례교회(충남) 담임
새일중앙교회(서울) 담임
여호와 새일교단장, 새일수도원 원장, 아름다운소식 사장

이뢰자 목사를 통하여 나타난 책

「조직신학 강의」, 「선지서 강의(이사야~말라기)」, 「요한계시록 강의」
「성경해석법과 요한일서 강의」, 「말씀의 칼」, 「인간론」, 「인간의 종말」
「아름다운 소식」27권, 「새일성가집」 등...

이뢰자 목사
걸어 온 길

새일과새시대

머 리 말

– 「이뢰자 목사 걸어온 길」을 엮으면서 –

　하나님의 완전 계약의 말씀이 이미 이루어진 그리스도의 언약의 피와 부활, 승천과 성신 강림을 힘입어서 중생을 받고 성령을 선물로 받은 동시에 주의 종 된 것을 진심으로 감사하는 마음과 또는 본서를 세상에 출판하여 내놓게 된 것을 다음과 같이 증거합니다.
　하나님의 정한 때가 왔기 때문에 선지자의 예언대로 '**이뢰자 목사**'의 머리에 하나님의 신이 임하고 입에 말씀이 임하여 이날까지 숨겨 놓았던 심판의 다림줄의 진리가 수 년동안에 약 5,500페이지 정도의 분량의 말씀으로 여러 서책이 나타났습니다.
　인류 역사상 이렇게 서책을 내는 선생은 없었다고 해도 과언은 아닐 것입니다. 분명히 이사야 선지 예언에 동방 땅 끝 사람에게 입에 말씀이 임한다는 예언(사28:11, 59:21)이 이루어졌다고 봅니다.
　이뢰자 목사에게 임하여 나타난 말씀 대부분을 '**새일과새시대**'에서 30여권의 책으로 발행한 바 있어, 인터넷이나 시중의 서점에서 구입이 가능한 상태입니다. 본서는 새로운 내용으로 새롭게 발행하는 책이라기 보다는 그동안 이미 출판 되었던 책에서 이뢰자 목사의 신앙 간증에 대한 부분을 발췌해서 시간대별로 정리하여 엮은 책입니다.
　'아름다운 소식'을 통해 나타난 부분과 '직접 증언하신 부분'에 있는 말씀들을 그대로 옮겨 구성하다 보니 내용이 중복되기도 하고, 문어체와 구어체가 섞여 있다보니 다소 산만하고 일관성이 없어 보입니다. 그러나 되도록 수정 없이 그대로 수록한 것이 오히려 생생한 내용 전달의 효과를 독자들에게 느낄 수 있게 하는 큰 장점이 있다고 생각됩니다. 또한 출처 부분을 마지막 부분의 괄호안에 표기해 놓았고, 페이지는 '새일과새시대'에서 출판된 책의 페이지로 표시해 놓았다는 것을 말씀 드립니다.

 항상 하나님께서는 시대 마다 대표 종을 세우시고 그 종을 통하여 진리를 나타내는 동시에, 또한 대표 종의 사명을 도울 수 있도록 대표에게 주신 역사를 모든 종들에게 주어서 대표의 사명을 돕되, 대표가 받은 진리를 전파하게 하는 것이 하나님께서 역사하는 방법이라는 것은 기독교인들이라면 누구나 아는 주지의 사실일 것입니다.

 그러므로 이 시대 진리의 대표가 되는 이뢰자 목사에 대하여 출생부터 이날까지 걸어오신 발걸음과 하나님께 받은 역사와 사명에 대해서 깊이 알게 되는 것은 그만큼 각자의 사명을 감당할 수 있는 지식의 원천이라고 생각합니다.

 이 작은 책이 말세에 여러분들의 사명을 감당하는 일에 큰 도움이 될 수 있기를 바랍니다. 아무쪼록 독자 여러분들은 이 책을 기도하는 마음으로 읽으신다면 완전한 진리를 아시는 일과 완전한 영계에 들어가시는 일에 큰 도움이 될 것으로 믿고 기쁜 마음으로 출판하는 바입니다.

 끝으로 이 책이 출판 될 수 있도록 도움을 주신 모든 분들께 진심으로 감사의 말씀을 전합니다.

2019. 9. 17

남영동 기도실에서 김정윤

차 례

제 1 장

1. **출생 — 17**
   - 11월을 맞이하는 사명자의 말
   - 이뢰자 목사의 조상

2. **중생 체험 — 22**
   - 중생, 성경 문제와 대지를 쓰다
   - 어머니가 예수 믿기로 하다

3. **강단 생활 — 25**
   - 김익두 목사에 대한 꿈을 꾸다
   - 강단 생활 시작하다

4. **조국 광복 — 27**
   - 주님이 손을 잡아 주는 꿈, 백마 타고 다니는 꿈을 꾸다
   - 조국이 해방 되다

5. **순교 안수 — 29**

6. **북에서 월남 — 30**
   - 월남 당시의 남한의 상태

제 2 장

7. **교회 개척, 6·25 동란 — 37**
   - 두 곳에서 교회를 개척하다
   - 6·25동란이 일어나다

8. 결혼 — *42*
   - 집안에 내려온 유언

9. 고려신학교 — *44*
   - 산기도 중 예수님 만나다
   - 고려신학교 2년 다니다

10. 보수동 교회 — *46*

제 3 장

11. 중심 성결 응답 — *51*
    - 대한수도원에서 기도
    - 중심 성결 응답 받다
    - 중생과 성결에 대하여

12. 영도침례교회 — *54*

13. 요한 계시록 해석, 신창조 — *55*
    - 생수 은혜 받고 10달 철야 기도
    - 계시록 해석 받기 전 영몽을 꾸다
    - 요한 계시록 해석 알려오다
      신창조를 받다

14. 스룹 바벨 — *66*

15. '세도침례교회' 부임 — *68*
    - 은혜로운 교회로 변하다
    - 계시록이 밝아지다

제 4 장

16. '말세 비밀' 출판, 전국 부흥 집회 − 73
  - 사기를 당해 두 달 기도 후 전국 부흥집회 인도
  - 맹세를 세우다
  - '말세 비밀' 출판

17. 국가와 민족을 위한 특별 기도, 별의 징조 − 76

18. 향로봉에서 기도 − 77
  - 십자가 기호, 11장 성가, 북진에 대한 말씀이 알려오다

19. 숫용추에서 천막 집회 − 79

제 5 장

20. 계룡산에 들어가다 − 83
  - 붉은 용과 20일 전쟁

21. '새일수도원' 건축 − 84
  - 산 주인에게 400평 기증 받다
  - 불 가운데서 '퇴자'라는 이름 주시며 수도원 건축 명령
  - 본교회 장로와 동역자들이 반대해도 수도원 사업 진행
  - 공사 중 쓰러져, 바울이 가지고 온 생수 한 병 마시다

22. 40일 금식 기도 − 96
  - 새일성가 9장 가사

23. '새일수도원' 헌당식 − 97
  - 수도를 시작하다
  - 반석 위에 세계 통일 기호 세우다
  - 제1회 수도회 개최하다

24. 뢰자 사명 알려 오다 – *103*

25. '엘리 제단' 기공 – *105*
   - '여호와'의 이름을 처음 부르다
   - 순교자 기도 응답

제 6 장

26. 성산에서 쫓겨나다 – *109*

27. '엘리 제단' 헌당식 – *109*

28. 일곱 가지 인정 받다 – *110*

29. 권세 위임식과 예수님 기도 – *110*

30. 권세 새 힘 – *112*
   - 비밀굴로 끌려가 갇히다
   - '권세 새 힘'을 받다
   - 기도 응답 받는 일에 대하여
   - 새 힘을 받은 이뢰자 목사의 하루 일과

31. 서울로 가게 되다 – *123*
   - 납치를 당하다
   - 홍분임 권사의 답사
   - 종들이 기습하여 구출시키다

32. 입에 말씀이 임하다 – *123*
   - 생소한 입술과 다른 방언으로 말씀하는 일

33. '말씀의 칼' 출판 – *131*

34. 교회 집회 인도 후 성산에 복귀 – *132*
   - 성당교회 집회 인도
   - 대구 두산교회 집회 인도
   - 성산으로 복귀

제 7 장

35. '여호와 새일교단' 창립 – *137*

36. 수도 학과 서책의 말씀이 오다 – *137*
   - '강의' 머리말

37. 뢰자의 영 – *139*
   - 뢰자 영이 와서 처음으로 한 말
   - 사도 요한의 영의 말씀
   - 1969년 대표 종의 해라고 말씀하시다

38. 완전 영감으로 입에 변론 – *140*

39. 하늘 영양 – *143*

40. 여호와의 신 (일곱 영) – *145*

제 8 장

41. '새일중앙교회' 창립 – *153*

42. 「아름다운 소식」 발행 – *153*
   - 고급 빵, 금만년필 영몽
   - 창간호 발행(1970년 7월)

43. 승복 인쇄사 – **169**
   - 승복 인쇄사 노래
   - 표 어

44. 하나님의 친구로 인정 – **170**
   - 여호와의 친구가 되는 인격

45. 최고 영계의 지도자로 결재 – **171**

46. 멸공진리 강연회 – **171**
   - 멸공진리 강연회 총론

47. 성전 수리 – **173**

48. 「인간의 종말」 출판 – **174**

49. 둘째 아들로 결재 – **175**

50. 뢰자 이름 국적 등록 – **176**
   - 개명 이유서 (改名 理由書)

51. 성산 댐 완공 – **178**
   - 성산 댐 공사 착수

52. 대강당 건축 – **181**
   - 성산에 대강당 기공 예배를 드리면서

53. 하나님께서 부르심 – **184**

부 록

◎ 베드로와 요한의 사명 차이점 – **186**
◎ 이뢰자 목사 약력 도표 – **190**

【 사진 자료 】

이뢰자 목사

수도 학과 진행 광경

새일수도원

말씀을 받아쓰는 광경

반석 위의 기호아래 새일수도생

받은 말씀으로 이루어진 책들

5·15 기념 예배

8·15 기념 성회(1971년)

새일수도원이 위치한 계룡산

새일수도원

새일수도생

당시 발행된 '아름다운소식'

제 1 장

출생

중생 체험

강단 생활

광복

순교 안수

북에서 월남

1. 출생 (1915.11.4, 음9.25)

- 황해도 곡산군 청계면 문양리 44번지 (대각산 기슭)
부: 이주년(李周年), 모: 편주월씨(片周月) 차남. 유복자로 출생.

7~13세까지 어깨 너머로 한문((漢文)을 공부하다
15세에 이르러는 인생의 영생 문제로 고민하다
16세 타락의 길을 가 보려고 하다
17세 중생 체험을 받고 성경을 읽을 때 문제와 대지를 쓰게 되다
19세의 청년으로 집사로 피택 받은 후 강단 생활 시작하다.

● 11월을 맞이하는 사명자의 말

- 쓸쓸한 목수의 가정, 슬프기 짝이 없다. 타향, 객지 그날그날 일을 하면서 살던 젊은 목수, 세 살 난 아들을 앞에 놓고 갑자기 세상을 떠난 눈물의 가정, 빚을 지고 갚을 길 없이 아버지가 세상을 떠난 빈민의 가정, 앞길이 막막한 눈물의 가정이 되었도다.

아버지를 잃어버린 아들, 11월 4일에 뱃속에서 쓸쓸하게 세상에 나고 보니 찬바람 불어오는 겨울날 집 없이 한데 나가 앉은 고아의 사람, 쓸쓸한 냉방 찬 자리에 누워있는 유복자, 어머니도 박대하며 혼자 내버려두고 날이 맞도록 먹을 것 구하러 다니다 돌아와 보니 아버지를 뱃속에서 잃어버린 유복자, 울다 못해 기절하고 죽은 모양 가련하다. 어머니가 죽은 아이를 품에 안고 울고 있을 때에 다시 울고 있는 어린 생명 누가 도와줄쏘냐.

눈물 없이 살 수 없는 생활 속에서 말세의 사명자가 나올 줄은 꿈에도 생각 못할 일이다. 날 때부터 눈물의 가정에서 유복자로 태어나 일생 동안 괴로운 일을 생각할 때 하나님의 사랑이 아니었던들 나 어찌 이 자리에 있을 수 있겠는가. 어찌하여 일평생을 압박 속에서 원통한 마음 금할 수 없는 생활을 걸어왔을까 하는 것을 회상할 때에 이것이 나로 하여금 기도를 많이 할 수 있는 기회를 주고, 성경을 다시 읽어 볼 수 있는 기회를 주는 일이었다는 것을 생각하니 오히려 하나님 앞에 감사함을 드리게 된다.

아무런 일전의 학비를 들여 본 일이 없이 무가치하게 자라난 이 사람, 우리 하나님은 귀하게 보시는 것 같다. 이 사람의 입술을 통하여 하나님의 말씀을 얼마든지 변론할 수 있는 역사를 주시어 이날까지 숨겨 놓았던 인간 종말의 비밀을 만민 앞에 분명히 알도록 서책을 내게 된 것은 전부가 하나님의 강권 역사의 하나라고 본다.

11월을 당할 때마다 내가 세상에 날 때에 그 슬픔의 가정을 회상하는 바는 우리 어머니의 눈물 흘려 말씀하던 일이므로 나로서는 오늘도 여러 사명 동지들 앞에 수치스러운 말을 하게 된다. 그러나 나같이 무가치한 인간도 들어 쓰시는 것은 여러 사명 동지들에게 큰 힘을 주는 일이 되리라고 생각된다.

내가 모든 것이 다 훌륭한 사람 같으면 여러 사명 동지도 훌륭한 사람이 되어야만 된다고 생각할 수 있을 것이로되 나는 날 때부터 눈물의 가정에서 출생하여 비천한 사람으로 자라났는데 하나님께서 이렇게 들어 쓰시는 것은 사명 동지 여러분들이 나와 함께 하나님께 감사할 일이라고 본다. 지렁이 같은 야곱이가 새 타작기가 된다는 성경 말씀은 오늘

이 사람에게도 소망이 되는 말씀이다. (특집편, 233쪽)

– 이뢰자 목사는 세상 학적으로 학교에 다닌 일도 없고 고려 신학교 2년밖에는 거친 일이 없다. 순수한 노동자요, 농민이요, 아버지를 잃은 유복자로 세상에 나서 서글픈 곡산이란 대각산 기슭에 자리 잡고 있는 동네에서 자라난 사람이다.(설교편2, 133쪽)

– 그래서 저는 기껏 밟히던 사람 들어 쓴다는 표적이라고 봐요. 알아요? 난 하여간 어머니한테 밟혔는데 뭐 말할게 뭐 있어요. 우리 어머니한테. 어쩌다 책을 보면, 우리 형이 책 보면 가만있어도, "네가 뭘 하는 거가 네까짓 게, 넌 일이나 해. 네 형, 책 보라고 해! 이새끼 너 네가 뭘 알겠다고." 어머니한테도 멸시 받았어요.
전 아이적부터도 우리 어머니가 죽지 않은 걸 원수로 알았대요. 유복자로 나가지고서, 아버지가 빚져 가지고 먹을 것 없고 집 없고 "너 뭐 할라고 세상에 태어나. 죽어 버려! 이놈 새끼." 세 번 죽었댔답니다.
그러면 전 그저 아예 밟히는 사람이야요. 아주. 밟히는 사람. 어머니도 그렇게 괄시할 수가 있습니까? 우리 형은 잘났댔거든요. 키가 큰 사람이 얼굴이 길쭉하고 눈이 어글하고 눈썹이 척 뒤로 뻗은 사람이 코가 우뚝하고 목이 쭉 패이고 문학 좋고. 아 그러니까 우리 형만 숭배하지 나는 일이나 하라는 거야. 너같이 못난 거.
그러니 나는 날 때부터 우리 어머니가 나를 죽으라고 세 번이나 메다쳤대요. 그러니 저는 그저 이 세상에 나서 50년간 밟혔습니다. 이번도 밟혔지요? 이게 무슨 꼴이요? 세상에 원. 하나님도 참 잘도 밟히게 해.

그거 꼴이 뭐요? 대관절. 이번에 꼴이. 꼴다구니가.

그래도 이번엔 망신은 안 시킵니다. 어떻게 이 집을 준단 말이요. 이거 안 줬다면 또 망신을 깨깨 했지. 이 양반들 '엣다, 이뢰자 또 안 되겠다. 가자.' 나 원 참 밟기도 밟아요. 그러니 저는 꼭 정말 날 때부터 이날까지 밟히는 사람이라. 밟히는 사람이야.(설교 메모집5, 90쪽)

● 이뢰자 목사의 조상

– 나는 분명히, 난 악비 장군의 후손인데요. 그 이상하지 않습니까? 영도 빈민굴에서 제가 계시록을 받을 적에, 계시록을 딱 써놓고 나를 신창조 시켜 놓더니, 나보고 그래요. 신창조를 시키면서 "내가 너를 통하여 새 시대를 이루겠는데 네 조상이나 똑똑히 알아라." 그래요. "내 조상이 누구입니까?" 하니까 "너 악비 장군 후손이지? 악비가 갓 지파란다." 이래요. "악비란 사람은 갓 지파가 중국에 들어간 사람인데 그 사람의 자손 가운데서 반드시 말세 종이 나오는 것이 야곱의 예언이란다. 그럼 네가 이제 군대를 일으키겠는데, 세계를 정복할 군대를 일으키겠는데, 너는 분명히 갓 지파 후손이다." 그래요.

창세기 49장 보니까 정말 야곱의 유언에, 갓은 군대를 일으킨다, 그랬거든요. 참, 이상하다! 아니 우리 조상 악비가 갓 지파라 그랬는데 여기 와서 불 가운데서 또 음성이 나올 때 그 때에도 "갓 지파 후손 아무개야! 네 이름을 뢰자(雷子)라 주노니 뢰자란 이름을 가지고 말세 종을 일으켜라! 군대를 일으켜라!" 또 새 힘이 올 때도 "갓 지파 후손 아무개야, 너 새 힘 받아라!" 이거 이상하지 않습니까? (선지서강해2, 41쪽)

– 영도에서 "갓 지파 후손 아무개야" 나보고 그래요. 그런 음성이 와요. "너 네 조상이나 똑똑히 알아라" 그래요. "내 조상이 누굽니까?" 하니까 "갓 지파로구나. 갓 지파다. 너 악비장군 후손이지? 악비가 갓 지파란다. 너 대한민국의 단군 무시하지 마라. 너희 민족은 이스라엘 피가 흘러왔다." 그래요. 그렇게 알려옵디다. 나뿐이 아니라는 거요. 이스라엘 피가 흘러온 민족이라는 거요, 이 민족이. 이상하잖아요?

그러면서 "야곱의 예언이 응하기 위해서 내 너를 찾아왔다." 그래요. "야곱의 예언을 봐라." 그래요. 그래서 창세기 49장 보니까 갓은 군대를 일으킨다 그랬어요, 군대, 군대. 군대를 일으킨다 그랬거든요. 그러면서 나보고 말하기를 "앞으로 네가 수많은 군대를 일으키는 데는 이 진리를 가지고 군대를 일으킨다." 그래요. 그래서 "갓 지파 후손이 마지막에 군대를 일으키는 사명이라는 것은 야곱의 예언이다."

그러더니 이 산에서 불 가운데서 음성이 나올 때에 "갓 지파 후손 아무개야! 너의 이름을 '뢰자'라 고쳐라", 그런단 말이요. 이상하지 않습니까? 그건 왜냐? "너 유성이란 이름을 쓰지 마라." 유리라는 건 뭐, 부닥치면 깨지길 잘하죠? 그러니까 절대 '뢰자'라고 쓰라는 거요. 그래가지고서 "너는 성전 지으면 이곳에 말씀 보내는, 이 성전으로 말씀 보내는 것으로써 세계를 통일하겠다. 널 대적하는 사람은 첫번엔 내가 흑암을 부어줄 것이고, 그다음엔 멸망을 시키겠다." 그거야요. 그다음엔 이 산에서 새 힘이 임할 때도 또 다시 "갓 지파 후손 아무개야, 너 네 입에 말씀을 줄 텐데 인제부터 네 입을 도구로 쓰겠다." 또 그래요. 도구로, 도구로. 전부. (설교 메모집5, 213쪽)

2. 중생 체험

● 중생, 성경의 문제와 대지를 쓰다 (1933년)

- 아버지께서 내게 주신 은혜는 이렇게 흘러왔습니다. 15세 고아로 인생을 비관하고, 사망의 공포 속에서 인생 종말을 알아 보려는 마음 가졌으나 답답함을 금할 수 없어서 밤잠을 이루지 못한 적이 많았습니다. 그러므로 16세라는 해는 극도로 타락의 길을 가 보려고 시작했던 것입니다. 그러나 1년을 허송하고 보니 정신이 바짝 나면서 내가 이렇게 가다가는 사람의 꼴이 안 되겠다는 생각이 나서 영생이 있다는 성경을 구해다 놓고 매일같이 복음 책을 한 번씩 읽어보기로 작정하고 읽던 중 예수 믿을 마음이 생겨 믿기로 결심한 지 1주일 내에 중생의 체험을 받게 되었습니다.

캄캄한 마음은 밝아지고, 공포에 떨던 마음은 큰 기쁨을 얻고, 매일같이 성경을 읽는 데서 예수님과 직접 대화를 하는 것 같은 감동을 받고, 성경을 읽을 때마다 신비한 체험은 성경에서 진리가 나타나되 설교할 문제와 대지가 본문에서 나타나게 되어 마태복음 1장에서부터 유다서까지 모조리 빠짐없이 문제와 대지를 쓰게 되었습니다.(특집편, 76쪽)

● 어머니가 예수 믿기로 하다

- 우리 어머니가 우상을 얼마나 섬겼습니까? 우상을 그렇게 섬기던 어머니 배에서 말세 종이 나오는 게 말이 됩니까? 하여간 우리 집은 귀신이 얼마나 많았는지요. 뒷간에 가도 귀신 단지 꼭 둘 있고요, 부엌에 가도 둘 있고요, 광에 가도 두서너 개 있고요, 뒤안에 가도 또 곡간에

가도 서너 개 있고요, 마루 한 구탱이에도 있고요, 똥구덩이 말고 다 있습니다, 귀신이. 그렇게 그런 집안에 제가 났단 말이에요.

그러니 우상쟁이 하던 집안에서 말세 종이 나온다는 건, 그것도 다 하나님 말씀해 놓은 것 아닙니까? 그런데 예수를 믿으니까 어머니가 자꾸 목을 놓고 울어요. 주일날이면 방성대곡을 합니다.

"야, 이놈의 새끼, 애비 없는 놈의 자식 길렀더니 나 제사도 못 얻어먹겠구나. 나 귀신 되면 제사를 얻어먹어야지." 이럽니다.

방성대곡을 합니다. 그냥 울어요. 문짝을 차고 막 그러고 야단치고 울어요. 또 주일날은 살그머니 와선 꼭 기도하는 시간이면,

"우리 유성이 거기 왔냐?" 고함을 질러요, 우리 어머니가요. 예배시간에 기도하는 문턱 앞에 와서 고함을 질러요? 참, 내. 그런데 우리도 너무 지독히 예수를 믿었어요. 하루아침 일어나서 우리 형제가

"어머니, 우리 집안 아무래도 안 되겠습니다. 이 귀신 단지 보기 싫어 못 견디겠어요. 저거 다 없앱시다."

하니까, 가뜩이나 반대하는 어머니가 얼마나 화가 나겠습니까? 정지(부엌)일하던 어머니가 새파래 가지고

"넌 여호와 하나님이라지? 난 귀신이다! 어떻단 말이가? 해 보자 어디, 없애? 없애? 내 귀신, 내 귀신 왜 없애? 아이고."

가만있었지요. 하루는 우리 어머니가

"야, 나 어디 갔다 오겠다." "어디요?"

"저 아래 잔치 간다. 그 십리 바깥에 간다." 그래요.

"언제 오겠어요?"

"아마 해 다 가야 올까 보다."

'엣따, 오늘은 귀신 청결하자.' 하여간 집안의 귀신을 몽땅 갖다가 막 똥통에다 집어넣고. 귀신 똥 먹으라구. 그러니 우리 어머니가 그 얼마나 기가 막히겠습니까? 그 귀신을 몽땅 아야 똥통에다 집어넣고, 막 그저. 어머니가 돌아와 집안을 보니까 기가 막히거든. 고만 기절했어요. 그 때 어머니가 세상 떠나는 줄 알고 또 겁났었단 말이야. 카악! 칵! 그 기절했던 사람은 숨을 못 쉬더만요. 숨을 못 쉬어요. 그러더니 한숨을 푹 내 쉬어요. 쉬~ 그러더니 말하기를
"할 수 없지, 내가 따라가야지."
그 다음엔 예배당 지으려고 예배당 대지를 사러 다니니까,
"너 대지 살라고? 우리 텃밭에 지어라. 왜 남의 땅을?"덜컥 뒷동산 텃밭을 한 떼기 턱 내놔요.
"믿으려면 복 받게 믿어야지! 야, 하나님 앞에 갖다 바치고 와. 자! 바치고 와."우리 어머니가 시원시원해요.
"야, 손님 데려와. 기왕 믿으려면 복 받게 믿자. 너희 형제가 이제 앞으로 주의 종이 되서 남들한테 대접 받을 생각해서라도 내가 어떻게 손님들한테 대접지 않겠냐 말이야."
그러고는 밤잠 안 주무시고 뭐 그저 이불 포대기 말짱 깨끗이 해 두고선, 또 솜씨가 좋거든요. 우리 어머니가 요리가라. 우리 그렇게 예수를 믿은 사람이에요. 불효지요? 말세 종들이 대부분 믿지 않는 집안에서 많이 나와요. 여기 가만히 봐도 청년들이요, 믿지 않는 사람이 딱 깨달으면 금식하고, 그런 사람 되거든요. 그 얼마나 귀합니까? 예? 그래서 말세의 종은 하나님을 공경하던 사람이 아니고 우상을 공경하던 집안에서 많이 나온다. 그 말이에요. (선지서 강해2, 87쪽~)

3. 강단 생활

– 장로교 집사로 피택 (19세), 강단 생활 시작

● 김익두 목사에 대한 꿈을 꾸다

– 어느 섣달 그믐날인가 꿈을 꾸었다. 꿈속에 나는 길을 가고 있었는데 갑자기 하늘에서 불이 내려왔다. 불이 내 몸을 완전히 덮었다가 내가 불 속에서 나가게 되었는데, 질그릇을, 하여간 굉장히 큰, 정말 큰 질그릇을 얻었다. 그 큰 질그릇을 땅속에서 발견했는데 하늘에서 내게 소리가 들렸다.

"김익두가 썼던 그릇이다–!"

꿈을 깨서는 형님에게 꿈 얘기를 했다.

"형님, 나 지난밤에 이상한 꿈을 꿨어요."

"꿈? 어떤 꿈?"

"하늘에서 불이 내려와 덮더니 불 가운데 앉혀 놓고는 내가 큰 질그릇을 들고 있는데 김익두가 전에 썼던 그릇이라 그럽디다."

"아하! 동생 큰 종 되겠네!"

"왜요?" "김익두가 제일 큰 종 아니냐? 그 김익두가 세상을 떠났으니 김익두에 이어서 동생을 들어 쓰시겠네 그려."

그런데 그 꿈이 정말 이상한 꿈이었다. 김익두가 6·25사변 동란에 세상을 떠났는데 나는 6·25 사변 동란 후에 사명자의 길을 걷게 되었고, 김익두는 은혜시대 종으로 쓰임 받았는데 나는 종말의 종이 아닌가. 나는 모태로부터 택함 받았기 때문에 하나님께서 내가 어린아이일 적부터 전부 내게 보여주셨던 것이다.

● 강단 생활 시작하다

 - 내 사명은 말세에 와서 하나님 말씀 하나 바로 증거해 주라는 그게 내 사명인 줄 알았어요. 알고 보니까, 그러게 아이 적부터, 도무지 다른 책은 못 보게 합니다. 17세부터 내가 성경을 읽었는데 다른 책은 못 보게 합니다. 볼래도 도무지 다른 책은 못 봐요.
 그저 그전에 4복음, 편지서는 많이 봤거든요, 정말 많이 봤습니다. 그건 내가 억지로 본 것이 아니라 은혜로 본 거예요. 그담에 15년간 나오면서요, 이사야, 계시록, 참 이거 정말 통달하게.
 그와 같이 난 그러니까 먼저 은혜시대 복음은 그렇게도 많이 봐도 그 이상해요. 그때 내가 스물 댓 살 날 적에요, 이 17세부터 성경을 꼭 그저 가슴에 품고 다니면서 봤는데, 참 많이 봤어요. 그 은혜로 봤지요. 그런데 떡 보면 문제, 대지가 탁 탁 갈라지거든요, 보는데요, 그렇게. 요거 몇 장은 문제가 뭐고 대지가 뭐다. 마태, 마가, 누가 뭐 요한복음 4복음서 그 담엔 계시록은 못했지만 다른 서책은 전부 문제와 대지가 갈라져요. 이렇게 봤는데 그때는 지게꾼이 갑자기 이렇게 돼 버렸거든요. 이렇게 내가 은혜를 받았는데,
 하루는 어떤 교회에서 나보고 사경회를 한다고 그래요. 어떤 여자가 아 다른 게 아니고 이 교회 제직 보고서, 자 이거 어디가야 사경사 하나 구하노, 하니까 저 저기 봐요. 누구요? 저기 저 유성이 집사 보쇼. 참 기막힌 사람이요. 저 사람 정말 성경 보는데요, 기막힙니다. 그래요? 그럼 날 소개해 주쇼. 그래서 딱 그때 집회를 했는데, 그런데 마태복음

을 펼쳐놓고 말이요, 바울서신을 딱 펼쳐놓고 하는데 세상에 그렇게 재미날 수가 없더라는 거지요. (선지서 강해2, 150쪽~)

4. 조국 광복

● 주님이 손을 잡아 주는 꿈, 백마 타고 다니는 꿈을 꾸다

- 그런데 하룻밤에 꿈을 꾸는데 길을 가다가 두 발이 쫙~ 미끄러졌는데요. 낭떠러집니다. 쫙~ 미끄러졌는데 내가. 그래 내가 구탱이를 딱 쥐었는데 구탱이가 오작오작 떨어집니다. 요거만 떨어지면 나는 인제 아예, 이 머리가 뭐 뭐 정말 온몸이 뼈다귀가 가루가 될 판인데, 오작오작하는데 큰일 났거든, 정말. 그저 내려다보면 아찔아찔한데 구탱이를 쥐었는데 구탱이가 오작오작하는데 어떡합니까? 근데 누가, 손이 나타나더니 쑥 잡아 댕겨요. 엣다 올라왔단 말야. 올라오니까 그때 산 위엔데 척 가니까 넓은 대로가 있는데 가다 보니 그 뭐, 목사들도 있고, 장로도 있고, 쭉 들 뭐 나를 환영해 주는데 신학교도 가고 그랬단 말이요. 이상하다. 정말 그때 정말 주님이 나 안 붙들어 줬다면 그놈의 꼴, 되겠습니까? 정말 그 아뜩아뜩한 때 아닙니까?

또 꿈을 꾸는데 아, 금강산 이북은 몽땅 공산당이 됐는데 공산당, 금강산 이북은 전부 공산당이 되어버리고 말았는데, 공산당 세계야. 그런데 내가 백마를 타고서 그저 그냥~ 뛰어 댕겨 봤거던요. 소련으로 그저 북지로 남지로 그저 막. 북만주, 남만주, 북한 그저. 하여간 공산당

들 그 소련군이 꽉 찼는데 막 백마 타고 막 돌아 다니는 거야. 퍼뜩 깨니까 꿈이란 말이요. 야~ 참 이상하다. 이거 뭐 어째서 이런 꿈을 꾸나? (설교 메모집5, 125쪽~)

- 1945년 8월 10일 밤에 이상한 꿈을 꾼 것이 생각납니다. 이 꿈을 꾸던 장소는 강원도 고미탄이라는 곳인데 일본의 잔인한 악정을 피하여 하루가 천년같이 기다리는 것은 해방이었습니다. 그때에 꾸었던 꿈은 다음과 같습니다.
 금강산을 기준하여 북으로는 황해도에서부터 압록강을 건너 북지 남지 전체가 공산군들이 꽉 찼는데 내가 백마를 타고 공산군들을 짓밟으면서 자유롭게 돌아다니는 것이었습니다. 이제 와서 그 꿈을 생각하니 벌써 중공 세계가 이루어질 것과 북한도 공산 국가로 이루어질 것으로 보여진 것입니다. 그리고 내가 백마를 타고 다녔던 것은 앞으로 될 일이 아닌가 하고 생각됩니다. (특집편, 373쪽)

● 조국이 해방 되다

- 일본 사람이 망했다고 그래요. 항복했다고. 그때 난 그저 또 미련한 놈이 말이요, 누가 날 잡아 죽일라고 또 거짓으로 아주 날 모략해서 날 잡아갈라고 그런 줄 알고, 누가 속겠대? 일본이 망해? 안 속아, 안 속아. 그래서 날 잡아갈라고 그러지. 일본이 왜 망해? 망할까? 우리나라가 독립됐다 그래요. 독립! 우리나라가 어떻게 독립이 돼? 아니 내 말 안 믿어지면 저기 나가보라고 저기 길로 가 보라고. 그래서 산에서 나와서 아침에 동네를 찾아서 보니까 아 정말 태극기가 왔다 갔다 하거든

요. 야~ 이거 봐라 이거.

그 얼마나 좋습니까? 진짜~ 그렇게 기쁜 날 처음 봤습니다. 하여간 120리를 뛰어오는데, 그때 뭐 차가 있습니까? 그저 어머니 계신 데를 찾아오는데 우리 어머니 한 분 모시다가 어머니를 떠나갔댔는데, 얏 따 인젠 간다. 하여간 발가락이 어디가 짓찧는지 어떻게 됐는지 모르고 막 뛰어 왔단 말이요. 그냥. 발가락이 다 깨지면서. 그래서 이 발가락이 그때 썩어져서 제가 칼로 깎아낸 것이 내게 기념품이 하나 있습니다. 너무 좋아서. 아, 그래가지고서 와서, 참 좋대요. 그래서 내가 보던 교회 찾아가서 교회 옆에다 예배당을 짓고 그다음엔 뭐. (설교 메모집5, 126쪽)

5. 순교 안수

- 일제 말 신사 참배를 하도록 강압할 때에 일제에 신앙적으로 항거하면서 멀리 강원도 북방 고미탄이란 산골의 바위틈에 숨어 주일까지 잊어버리는 생활 가운데 그날 그날 눈물 흘리며 기도로 지낼 때 1945년 8월 15일 민족 해방의 환희를 안고 고향으로 돌아와 해방된 조국에서 충성된 종으로 주를 위해 순교하겠다는 굳은 믿음에서 황동노회 최모 목사의 부흥 집회시 순교 안수를 받고 38선 이북을 공산군이 점령케 되니 공산 치하에서 믿음의 자유를 잃게 되자 비밀 결사대를 조직해서 공산당과 싸웠다.

6. 북에서 월남 (1949.4.22, 사41:25)

　- 이 역사는 먼저 북방에서 한 사람을 오게 한 다음에 동방 역사가 일어나되, 세상 권세를 짓밟아 버리는 승리의 역사가 있게 되므로, 이날까지 숨겨 있던 비밀의 말씀이 세상에 다 알려지는 동시에 모든 인간들의 하던 일은 허무하고 허탄한 것이 될 것이다.(사41:25~29, 강의)

　- 내가 사람을 일으켜 북에서 나오게 한다. 한 사람, 똑똑히 한 사람이라. 이것도 꼭 맞는 거예요. 저는 이북에서 월남하는 사람을 아주 삯꾼으로 인정하고 비평하던 사람입니다, 제가. 아니 이북 공산당 세계에서 괴롭다고 가면 양떼는 다 어떡해. 죽어도 공산당과 싸우다 죽어야지, 이 삯꾼들 말이야, 저거!
　그때는 내가 그래도, 그렇게 교만 했어요, 월남하면 삯꾼이라고. 아니 이북 양떼 두고 저 혼자 살겠다고 월남을 해? 그게 되겠어? 그렇게 생각한 사람이거든요. 저는 그때 월남 안 할라고 그러던 사람인데 제가 강권으로 월남한 사람이에요. 저는 어째서 그렇게 월남했나 하면요, 갑자기 월남해 내려왔어요. 갑자기 월남한 동기가 이렇게 됐거든요.
　제가 이북에서 그 공산당 반대하고 나온 사람들이 비밀 단체를 조직했습니다. 1, 2년만 지나면 북진할 것이다. 북진할 때에 우리는 남한을 지지하는 비밀 단체 만들자. 그래서 비밀 단체를 조직했는데 다 죽게 됐습니다. 피할 수가 없이 나는 잡혀갈 판인데, 여럿이 동네에 가서 잡아오는 판인데, 어떻게 피할 수가 있겠냐 말이죠.
　그런데 밤에 자는데 "일어나 월남하라!" 화닥닥 일으킨단 말이요, 비몽사몽간에. 화닥닥 일어났단 말이야. 그래 가지고 그만 어떻게 됐는가 모르겠어요. 제가 자다 말고, 너 월남하라고 확 깨우는 그런 일이 있었는데, 그때는 날 잡으려 하는 판인데, 그날이 토요일이거든요. 전도사가 아니 토요일 날 그런다면 안 되잖아요. 개성에 오니까 날이 밝아요. 내려오는데 그런데 그 이상하잖아요? 사람 만나면 잡혀요, 안 잡혀요? 내가 하룻밤만 지내버렸으면 거기서 죽어버리지 않았겠어요? 그런데 그날 새벽에 짐을 챙겨서 넘어왔단 말이에요.

그래가지고 넘어오게 됐단 말이에요. 자, 그걸 본다면 하나님이 날 일으켜 내 보낸 것 아닙니까? 그렇잖아요? 저는 정말 일으켜 내려보냈어요. 대전에 어떤 이북서 온 장로가 그래요. 목사님 어떻게 그래 월남을 했소? 하룻밤만 자면 그들이 잡아갈라 그랬더니 정말 떠났다고, 그때 다 잡아다가 죽였는데. 아이구 참, 내가 왔소? 하나님이 내려보냈지. 꼭 일으켜 내보낸 거예요. 그 다음엔 38선을 넘어오는데, 난 잡히면 죽을 사람인데, 이거 위험하지 않습니까?

38선 부근에 먼 친척, 형수, 알고 보니까 지독한 빨갱이인데. "가시오, 가시오, 여기 있지 마시요! 가라는 거예요."가라고 그래요. 그래서 오는데 아, 38선을 넘으려고 하는데, 그것도 이상하지 않습니까? 인민군들이 마침 싸움을 한단 말이에요. 마침 파수를 비웠거든요. 그래서 제가 감사하며 도망을 나오는데 인민군 3명이 따라오더란 말이요, 잡을라고. 내려오라고. 그런데 그때 내게 그렇게 기쁨을 충만하게 주시더란 말이죠. 기쁨이 충만해져서 막 웃으면서 내려가는데 인민군이 보다가, 어디 가시오? 나무하러 갑니다. 빨리 나무하고 내려오라는 거야. 안녕히 계십시오, 나는 갑니다 하고 왔죠. 월남 참 잘 했지요.

그때 정말 그 인민군의 마음을 하나님께서 주관하지 않았더라면 여기 와서 어디라고. 머리가 아뜩아뜩 하잖아요? 그래서 난 분명히 하나님께서 날 월남시켰습니다. 이렇게 들어 쓸라고 월남시켰어요. 그러면 북에서 내가 한 사람을 일으킨다는 말도 그 맞아야 되잖아요? (선지서 강해2, 52쪽~)

- 내가 38선 넘어올 적에 보시요. 월남하는데 나무 지게를 지고 헌옷가지 떡 이렇게 입고 걸어서 가는데 마침 파수꾼이 없거든요. 야, 이거 참 감사합니다, 하나님. 걸어 들어가니까 총 든 사람 셋이 따라와요. 내려오라고. 그거 내려가면 난 그때 죽는 판이에요. 지금 내가 이북에서 사형장을 받고, 나 잡으려고 해서 도망을 나온 판인데, 그때요. 조금이라도 내말이 거짓말 같으면 잡히는 건데. 안연히, 난 그때 하여튼 그렇게 기뻐요. 그래서
"내려와! 내려와! 뭐 해?"
"나무하러 갑니다."
"나무?"
위아래를 봐요. 그리고 그때 조금도 자세가 이상해 보이지 않고 마음이 안연한 게 기뻐요.
"그 빨리 해 가지고 오라" 그래요.
'예! 고맙습니다. 안녕히 계십시오, 나는 간다.'고.
그때 조금이라도 거짓말하는 자세가 있었다면 안 되잖아요? 그렇게 평화스러울 수가 없어요. 안연하니 말이요. 그때 그저 보니까요, 그저 하나님의 신은 안연하게, 괜히 뭐 겁날 것 없고, 안연히 처하게 하고,

잠잠히 신뢰하게 하는 겁니다. (선지서강해1, 285쪽~)

● 월남 당시의 남한의 상태

– 왜냐하면 북한에서 순교 생활을 해 보려고 결심하고 싸우던 싸움은 아무 열매 없이 남한 땅에 들어와 보니 북한에서 기대하던 남한은 너무나 한심스러웠습니다. 왜냐하면 북한의 공산당은 전쟁 준비에 미칠 듯이 날뛰고 있는데 남한 국군들은 오락만 하고 있는 것을 볼 때에 큰일 났다는 생각이 생겼습니다. 교회를 찾아가 보니 북한의 교회는 압박 속에서 눈물 흘려 기도하고 있는데 남한 교회는 아무런 걱정 없이 물질 향락으로 기울어지는 상태를 볼 때에 참으로 근심스러웠습니다.(특집편, 50쪽)

제 2 장

교회 개척

6·25 동란

결혼

고려신학교

보수동 교회

7. 교회 개척, 6·25 동란

● 두 곳에서 교회 개척을 시작하다

- 돈 없이 지게꾼의 한 사람이 되고, 하나님의 섭리만 믿고 밤을 새워 기도하던 중, 주의 명령 받아서 38선을 향하여 강원도 일대에 개척 전도의 문을 열어 주시던 하나님께 감사하면서, 1년간 전도에 아름다운 교회를 세우게 되어 개척교회 건축을 두 곳에나 하게 되어 이곳저곳 왕래하며 예배를 보았다.

- 제가 월남해 가지고 거지가 됐는데요. 남대문에 노회에 갔다가, 그저, 그러고 나니까 배짱 편하더니 그 때는 들어 쓰드만요. 야단 났드만. 농촌교회 가서 자, 노동은 거저 해 주고서 개척교회 세우겠다고 하다가 멸시를 받았거든. 신학교 나왔소? 못했다니까, 신학도 못한 사람이 무슨 주의 일을 하겠다고, 아 이 주먹질을 받았다. 자 갈 데가 있어야지. 자 일은 거저 해 주고 개척교회 세우겠다고 그러다가 귀때기 맞았으니 갈 데가 있습니까?
 그래서 남대문 예배당에서 하룻밤 '늘 울어도 눈물로써 못 갚을 줄 알아 몸밖에 드릴 것 없어 이 몸 바칩니다.' 그러고 나니까 그 이튿날 아침에 대통령 고문 윤길구 목사님과 강원도 도지사가 나를 불러들여요. 농촌에 나가서 농사나 지으면서 목회일하던 사람이, 대통령 고문한테, 자 보시오. 매달 돈 만원씩 받으니 그 때 쌀 한말에 700원이라.
 그 다음에 그걸 타 가지고 인제 경찰서를 턱 가니까 경찰서장이 나와서 악수를 다하고 배급 통장을 다 내주고 아, 날 갔다가 전도댕기면

이 촌부들이, 아 명동거리 지게꾼인데 아니 보초병이 댕깁니다 그려. 밤에 야간방문가면 딱 형사가 하나 총 들고서 옆에서 서 있는 거라. 수지맞죠?

이거 농촌에 가서 일은 거저 해 주고 교회를 세우겠다고 하다가 납죽하니, 그렇게 해 놓더니 하나님이 '이 몸 바칩니다' 그 땐 정말 이 몸밖엔 없는 거라. 집이 있어, 돈이 있어, 갈 데가 있어? 정말 거지 몸뚱이야. 거기서 눈물 흘리면서 이 몸 바칩니다 하고 나니까니 "그래 됐다." 하더니 그 때는 들어 쓰시더라. 예? 알겠어요?

자, 새빨간 몸뚱이 뚝배기 같애도 우리 아버지가 받아 주는 거라. 자 그댐엔 이거 역사가 일어나는데 말이요. 월남해서 열 달 동안에 교회 두 개 크게 세웠수다 그려. 자 뚝배기가 일 많이 했지요? 꼭 그래요.

아 얼마나 배가 고픈지 서울 와서 지게 지고 댕기다가요, 자 이거 야단났단 말이야. 지게 딱 두 번 져 봤거든. 이거 뭐 딴 사람이 다 져가고 내가 차례가 와야지. 아 그래서, 이거 또 밑천 또 드러납니다.

아 배가 고픈데 할 수가 있어야지. 그래서 저 마포 둑에 나가서는 고구마 장사꾼들이 썩어서 버린데 가면 그저 깎아 먹을게 있습디. 그거, 깎아 먹고, 정 배가 고프면 마른 새우집에 가서 '이거 말랐나, 안 말랐나' 하고 두어 마리 집어먹으면… 그러면, '남의 새우 왜 집어먹노?' 그러질 않아요. 그러면 뭐 그저 여나무 군데 가서 조금씩 집어먹으면 좀 먹어 보지 않소?

자, 그러다가 그저 이 사람이 대통령 고문 윤길구 목사님과 일하게 됐으니 단단히 올라가지 않았소? 전 그렇게 그저 언제나 몸뚱이만 남게 딱 만들어 놓구서는 일하라고 그래요. 꼭 그래요. 거기서 그저 엎드려

울면 되는 거요. '이 몸 바칩니다' 자, 배짱 편안해요? 편안치 않아요? 사실 없거든. 그러게 없는게 상팔자 같애. 배짱 편안해요. 그러면 되는 거라요. (이사야29장 강해)

- ● 6·25동란이 일어나다

- 1950년 6월 25일 주일입니다. 오전과 오후로 갈라 이곳에서 오전, 저곳에서 오후로 주일 예배를 인도하던 중, 예배당 주위에 사람이 물밀 듯 밀려오는 광경을 보았습니다. 이것이 웬일입니까? 물어보니 38선에서 전쟁이 일어나 괴뢰군이 물밀 듯 내려온다는 것입니다. 그래서 예배를 빨리 마치고 나서 보니 국군과 경찰은 앞서 도망을 갑니다. 새로 믿는 교인들을 데리고 피난을 가다 보니 벌써 김일성 사진이 거리에 나 붙었고, 노동당 신문이 왔다갔다합니다. 그래서 웬일이냐고 물어 보니 서울은 함락되었고, 10리 밖에 괴뢰군이 집결해 있답니다. 할 수 없이 산 위의 마을을 찾아갔습니다.

그날 밤 공산당이 따라와서 손을 들라는 것입니다. 할 수 없이 손을 드니 포승줄로 수족을 결박하고, 너 북한에서 온 목사로구나 합니다. 실지는 그때에 전도사였습니다. 목사는 아니라고 했습니다. 서울에 장사꾼이라고 했습니다. 책가방의 설교집을 보고, 이것은 무엇이냐고 할 때에 목사님이 하는 설교를 받아 기록한 책이라고 하였습니다.

이러한 비겁쟁이라도 하나님은 버리지 않고 그들의 마음에 역사해서 나를 내무서로 끌고 가지 않고 하는 말이 "당신을 내무서로 데리고 갈 마음이 도저히 없으니 우리가 풀어놓아 줄 테니 어디로 마음대로 가라"는 것입니다. 그때에 나는 이상하게 생각을 했지만 알고 보니 그 지방에 내무서에 있던 사람은 하나도 남기지 않고 다 총살을 당했다고 할 때에 하나님께서 나를 이렇게 들어 쓰기 위하여 공산당의 마음도 주관했다고 보게 됩니다. (특집편, 50쪽~)

- 저는 이북서 6·25동란 전 1년을 앞에 놓고 월남해서 3·8선 4, 5십 리를 앞에 놓고 개척 전도 사업을 해서 약 1년 동안에 교회를 두 곳이나 세우고 아래와 위 교회를 다 예배를 인도해 주느라고 분주했던 것입니다. 6·25동란이 나던 날은 일요일이었습니다. 오전에 두 교회를 다 예배 인도를 할 수가 없어서 한 교회는 오전에 보고, 한 교회는 오후에 예배를 인도하게 되었습니다. 인제 경찰 소재지에 있는 교회를 오후에 예배를 인도하는 중 그날 새벽에 전쟁이 일어났다는 소문을 들었습니다. 오후 예배를 보고 나서니 예배당 앞뒤로 사람이 꽉 찼고, 벌판에 빈틈이 없이 사람이 차서 물밀듯이 내밉니다.

이것이 무슨 일이냐고 물으니 인민군이 지금 내려온다고 하면서 경찰이 민간보다 먼저 도망을 가고, 국군까지도 앞서 도망을 가는 일이 있게 되었습니다. 그야말로 비극이 아닐 수 없습니다. 경찰을 믿고 치안을 받고 있던 백성들이 경찰들이 앞서 도망을 갈 때에 그 백성들은 갈피를 잡지 못하고 다 집어던지고 농장을 버리고 산으로 들로 퍼져서 도망을 해서 살아 보겠다고 남쪽으로 물밀 듯 내려가던 그 모양은 오늘도 눈에 선합니다.

나도 소위 교역자가 되어 가지고 도망을 가기 시작했습니다. 그래도 교인들을 데리고 가느라고 하였지만 가다 보니 십리 밖에 인민군이 벌써 둘러쌌습니다. 김일성 사진이 벽보에 나붙었습니다. 이북 신문이 돌고 있습니다. 어찌할 수 없이 높은 산으로 올라갔습니다. 거기는 산간에 작은 동네가 있는데 거기에 가서 머물게 되었습니다. 밤에 공산당은 벌써 나를 찾아와서 손을 들라는 것입니다. 손을 드니 수족을 꽁꽁 결박을 해 놓는 것입니다.

 이때는 나는 세상에 더 있을 소망은 없었습니다. 왜냐하면 1년 전에 이북서 공산당을 없앨 계획으로 비밀 단체를 조직했던 일이 발각되어 야간도주하여 하나님의 보호로 3·8선을 무사히 넘게 된 것인데 다시 1년 만에 공산당의 정치를 받게 되었으니 나는 앞길이 캄캄한 것뿐이었습니다. 그래서 '주여, 내 영혼을 받아 주시옵소서' 하는 기도밖에는 할 수가 없게 되었습니다.

 이상하게도 공산당은 나에게 가까이 와서 조용히 말하기를 "우리 마음이 이상하게 당신을 끌고 갈 마음이 도저히 없으니 우리가 이 산에서 풀어놓아 줄 테니 마음대로 하라"는 것입니다. 그 동네에 노인 한 분이 와서 하는 말이 "공산당이 하는 말이 이 사람은 어디 가든지 죽을 사람인데 이 사람을 어디로 가나 잘 보아달라고 했다"고 하면서 그 노인은 "다른 곳으로 가지 말고 자기네 집에 방 한 칸을 줄 테니 어디로 가지 말고 자기네 집에 함께 있으면 자기네 친척이라고 해서 보호를 받도록 해 주마"는 것입니다.

 그러므로 그 곳에서 무서운 동란을 피하게 되고 보니 하나님의 보호라는 것은 원수의 마음도 주님이 주관하고, 불신자의 마음도 주님이 주관한다고 깨달았습니다. (특집편, 163쪽~)

8. 결혼

- 1953년 3월, 원주 제일감리교회에서 정명백 사모와 결혼

※ 정명백(본명은 명순) 사모

출생일: 1931년 1월 6일

출생지: 강원도 김화군 통구면 현리후

본적: 강원도 철원군 철원읍 관전리 2구

부 정창주(포은 정몽주 후예), 모 홍분임의 장녀(3남 4녀중)

1951년 6월 전쟁시에 38선을 넘어 월남

1953년 3월, 원주 제일감리교회에서 결혼

● 집안에 내려온 유언

- 저는 본시 본(本)이 한국이 아니거든요. 저 청해란 땅이 인도 가까이에 있습니다. 제 본이 청해로 돼 있거든요. 청해가 본인데 저는 악비 장군 후손인데, 악비가 천하 명장의 4대 명장인데 그때 송천 살 적에 중국의 간신들이 송천 사람을 꾀어 가지고 악비 장군 5형제를 말짱 다 학살시키는 운동을 했어요. 역적이라고 억울한 누명을 입혀 가지고서. 그때에 억울하게 그 악비가 목을 잘렸는데 그때에 악연이란 사람을 한국으로 피난을 시켰단 말이에요. 왜냐? 우리가 400년간 중국에 들어와서 송천서 역사하다가 이제 씨를 전해야 되지 않겠냐. 씨를 전하려면 여기 있으면 안 되니, 고려 나라로 가라!

흑룡강 옆에 가 숨어 가지고서 변성명을 해서 악가를 갖다가 동(佟)가로 고쳤어요. 동가로 고쳐서 4대 만에 가서 이지란(동두란) 장군이 나

왔는데 그때에 이성계가 득세할 적입니다.

 그때 동두란 장군이 나와서, 이지란 장군과 이성계 두 분이 동맹을 했는데 그때에 이성계가 정몽주 목을 자르겠다고 할 때에, 동생이 정몽주 목을 자르면 나는 하야하겠네, 아 충신의 목을 자르고 나라가 되겠는가, 충신의 목을 자르는 정부에 내가 같이할 수 없다. 정말 동생이 내 말 안 듣고 정몽주 목을 자른다면 나는 하야한다. 그래도 이성계가 정말 정몽주 목을 잘랐거든요. 그러니까 나는 하야한다. 향리에 내려가서 산에 가 가만히 앉아서 묵상을 하며 시간을 보냈단 말요. 그 양반이.

 그 양반이 예언하기를, 우리 집안에서 24대 만에 가면 세계를 정복하는 큰 역사가 완전히 이루어지리라 예언을 했다고 하는데, 그때부터 우리 집안은 24대 만에 가면 세계를 움직이는 인물이 나온다. 꼭 우리 아들이 24대거든요. 자, 꼭 맞잖아요, 24대. 24대가 되면 세상에 무슨 일이 생긴다. 예언했어요, 그 양반이. 그리고 정몽주씨는 정말 목이 잘릴 때 말하기를, 나는 죽어서 혼령으로라도 이지란 장군의 자손을 돕겠다고 했답니다. 그게 말짝 우리 집안에 내려오는 말이에요.

 그런데 이상하게 정몽주 손의 맏딸 되는 사람이 우리 안사람인데, 정몽주 계통의 맏딸인데 오늘에 저를 돕지 않습니까? 지금. 잘 돕거든요. 야, 그 양반들 예언이 이상하다 말이야. 24대 만에 꼭 와서 우리 안사람을 통하여 24대가 돼 버리고 날 돕는단 말이에요. 정말 돕지 않습니까? 자, 그걸 본다면, 자, 이거 참 옛날에 그 양반들 유언이 이상하다. 이것이 내가 말세 복음 받은 다음에 우리 집안에 유언이 내려와요. 이지란 장군의 유언과 정몽주의 유언이 내려옵니다. 이지란 장군과 정몽주 그 두 분은 이런 분이라고. (특집편, 36쪽~)

9. 고려신학교

● 산기도 중 예수님 만나다 (1953.5)

― 나는 순교를 한다는 각오를 가지고 공산당과 싸우다가 월남을 한 사람이 순교를 못하고 오히려 거짓말까지 하고 나니 나는 순교를 할 만한 자격이 없다고 생각이 날 때에 북한에서 가졌던 용기를 잃고 후퇴하기 시작하여 세상에 재미있는 생활을 해 볼 마음을 가지고 신학교를 졸업하고 좋은 교회를 맡아서 이전보다도 좀 새로운 생활을 해 보려고 고려 신학을 가게 되어 준비 기도를 하려고 산으로 갔더니 이상한 증거가 나타났습니다.

주님께서 십자가에 죽는 광경이 나타났습니다. 눈을 떠도 똑똑히 보이는 것입니다. 못 자국은 찢어지는 소리가 들려오고 핏방울이 떨어지는 소리가 들리며 주님의 뼈가 울리는 소리가 들려오면서 '나는 너를 위하여 이렇게 죽었으니 너는 한 일이 무엇이냐'는 것입니다. 그때에 나는 개척교회를 여러 군데 세워 보려고 애썼지만 사실은 한 일이 없다는 것을 눈물겹게 깨닫고 그때에 기도하기를, 주여 내가 이제 무슨 일을 만나든지 조금도 불평하지 않고 무슨 일이나 참고 나가겠다는 기도를 했습니다.

그 후부터 내게는 동역자를 통하여 억울한 일을 15년간 당해오는 시련의 길을 거쳤습니다.(특집편, 51쪽~)

― 나는 1953년 5월에 조용한 산을 찾아가 기도할 적에 우리 주님이 십자가에서 죽을 때에 된 모양이 똑똑히 나타났다. 못 자국에서 흐르는

피는 땅에 떨어지는 소리가 들려오며, 못 자국이 찢어지는 소리가 들려오며, 뼈마디가 우두둑거리는 소리가 들려오며, 주님이 고통 중에 시달리는 모양으로 나를 바라보며 "나는 너를 인하여 이렇게 고난을 받았는데 너는 나를 위하여 무엇을 했느냐" 하는 음성이 거듭 들려왔다.

이러한 광경을 약 3시간 동안이나 나타나 보일 때에 그때에 나는 작정하기를 아무리 괴로운 일이 오고 억울한 일을 만난다 해도 나는 원망치 않고 강한 마음으로 일하겠다는 결심을 하였다.

그 후로부터 이날까지 20여 년간 이상하게도 사람에게 버림을 당하는 것과 같은 원망스러운 일을 계속으로 당하게 될 때에 십자가 앞에서 작정한 그 마음 잃지 않고 나오는 중에 십자가를 통하여 오는 은총을 너무나 많이 받을 때에 더욱 감사할 수밖에 없다. 우리가 아무리 억울함을 당한다 하여도 우리 주님의 당하신 고난에 비교할 수가 없다.

우리는 십자가의 고난을 참을 자격은 없지만 억울함을 당할 때에 십자가를 바라만 보면 괴로움은 사라지고 마는 것이다. (설교편3, 126쪽~)

● 고려신학교 2년 다니다

- 지금 이뢰자 목사의 입에 완전한 변론이 임한 증거는 현재의 서책으로 증명된다. 언제나 대중 앞에서 강단에서 입으로 불러 변론의 서책을 내고 있다. 이 목사는 세상 학적으로 학교에 다닌 일도 없고, 고려신학교를 2년밖에는 거친 일이 없다. 순수한 노동자요, 농민이요, 아버지를 잃은 유복자로 세상에 나서 서글픈 곡산이란 대각산 기슭에 자리 잡고 있는 동네에서 자라난 사람이다.

그러나 하나님께서 피난민의 한 사람으로 지나는 부산 영도 빈민굴에서 남루한 옷을 입고 빈민을 봉사하던 사람에게 여호와의 말씀이 임해서 그 종을 통하여 어느 종이나 다 만족한 수도를 받게 된 것은 하나님이 일으킨 일이 아닐 수 없다. 누구든지 경솔히 생각지 말고 그 입에서 나타난 아름다운 소식을 자세히 읽어 보라. (설교편2, 133쪽~)

10. 보수동 교회

- 나는 은혜 받은 것은요, 십자가 앞에서 세 시간 울고 기도한 뒤부터 꼭 억울함 당했어요. 전 은혜 받은 것은, 오전에 예배당 마쳐 놓고 오후에 쫓겨나면서부터 은혜 받았는데요. 그것도 추운 겨울날인데 바람이 핵핵 부는 크리스마스 땐데, 제가 고려신학에 다닐 적에 밤잠 못 자고 예배당을 지었어요.

그랬는데 오전에 헌당식을 딱 마치고 나니 오후에 목사들이 떼를 지어 오더니 무조건 나가라는 거예요, 무조건. 그저 무조건 나가라는 거야. 그러니 처자를 한데다 놓고 딱 나앉게 됐단 말야. (1955년 12월)

참 억울한 일이죠? 그거 예배당 때문에 싸울 수 있습니까? 그런데 그 때에 내가 싸웠더라면 은혜 못 받는 건데! "감사합니다!" 그랬어요. "하나님이여! 예배당을 다 마쳐 놓고 나가라니 감사합니다." 오전에 딱 마치고 빚 다 내가 청산해 놓으니까 오후에 오더니 가라 그래요. 그 때 "안녕히들 계십시오." 그랬지. "다 가지시오!" 그때부터 은혜 받았는데….

훼방을 받았는데 그러면 훼방하는 편은 사단의 회가 되고, 훼방 받는 편은 부자가 됐단 말이에요. 훼방하는 편은 사단의 회라 그랬지요? 사단의 회. (요한계시록 강해, 51쪽~)

- 오전에 빚 청산하고 헌당식을 하고 오후에 쫓겨났다. 그날 밤 기뻐하며 찬송 (나의 기쁨 나의 생명이 되신주~). 기독교 신앙의 미를 발견했다. 그 다음날 아침 혼자 식사 중 '이런 추운 겨울에 어데 가라고, 고얀 놈들'하고 불평이 나왔다.

그 때 하나님께로부터 "내가 기름 부어 세운 종들을 네가 고얀 놈이라 하느냐" 하는 책망을 받고 중심의 성결을 목적하고 대한수도원을 찾아가게 되었다.

제 3 장

중심 성결 응답

영도침례교회

요한 계시록 해석

신창조

스룹 바벨

세도침례교회

11. 중심 성결 응답 (1956.1.4)

● 대한수도원에서 기도 (1955.12.27)

– 신학을 배우려고 고려 신학에 입학했으나 거기에서도 영적 발전을 특별히 얻지 못하고, 1955년 12월에 특별 기도를 작정할 때 중심에 완전한 성결을 얻어야 되겠다는 마음을 가지고 고요한 기도원을 찾아가 높은 바위 위에 기도 장소를 정하고 하늘을 바라보며 기도하기 시작했습니다.

이상하게도 강단 생활하면서 마음으로 지은 죄가 나타나기 시작 되어 억제할 수 없이 일어서서 하늘을 바라보고 탄식하는 기도는 마음으로 지은 죄를 고백하는 호소가 나올 때에 20세부터 강단 생활하면서 나도 모르게 숨었던 죄가 쏠어나오기 시작하여 애통의 눈물이 옷깃을 적시고 계속으로 애통, 호소가 나오던 중 4일째 되는 날 하늘의 문이 열려지는 광경이 나타나면서 주님의 모양이 나타나되, 내 기도를 듣고 계신 모양으로 보여지되, 눈을 뜨고 하늘을 바라보고 있는 중에 나타날 때에 나는 기도하기를, 주님을 뵈옵는 것보다도 내 중심에 성결이 필요하다고 울 때 열렸던 하늘은 닫혀졌습니다.

나는 계속하여 강단 생활에서 마음으로 지은 죄가 생각이 나면서 계속으로 고백을 하며 호소하게 되었습니다. 2일 만에 다시 하늘 문이 열리며, 주님께서 두 손길을 모으고 무릎을 꿇고 머리를 숙였다 들었다 하면서 기도하는 모습이 똑똑히 하늘에서 나타나 보입니다. 그때에 나는 기쁜 마음을 얻었습니다. 나같이 강단 생활하면서 죄를 많이 지은 사람도 주님은 버리지 않고 대언기도 하신다는 확신이 생기며 안타깝던 마음에 위로가 생겼습니다.

그러나 계속으로 중심 성결을 구하는 눈물의 호소는 하루를 계속했는데 이튿날 다시 하늘 문이 열리며 빛은 나 있는 곳으로 비쳐 내려옵니다. 이상한 손이 나타나서 하늘로부터 내려오며 내 머리 위에 임하여 안수를 하는 것이 나타나 있더니 손바닥에 못 자국 자리가 있다는 것을 보여 주면서 그 손은 다시 하늘로 올라갑니다.

그 후에 눈물도 없고 부르짖는 힘도 없고 조용히 앉아서 묵상을 하는 기도를 하게 되었습니다. 다시는 눈물이나 호소가 없게 되므로 기도를 마치고 부산으로 돌아가려는 길이었습니다. (특집편, 77쪽~)

● 중심 성결 응답 받다 (1956.1.4)

- 마지막 길을 떠나는 아침, 기도하던 장소에 잠깐 나가서 기도를 하던 중 강한 기도의 힘이 이전보다 몇 갑절 오면서 입에서 찬송이 터질 때에 "큰 죄인 복 받아 빌 길을 얻었네 한없이 넓고 큰 은혜 늘 베퍼 줍소서" 하는 찬송을 하던 중 내 마음은 타지는 것같이 뜨거워졌습니다. 그때부터 지금까지 그 불은 마음에서 떠나지 않고 충만해 있으므로 15년간 신앙생활에 마음으로 죄를 짓지 않고 설교할 수 있는 사람이 되었음을 감사하게 됩니다. 이것이 아버지의 응답인 줄 믿습니다. (특집편, 78쪽)

● 중생과 성결에 대하여

- 중생은 죽었던 영이 살아나는 과정이라면 성결은 완전히 열매를 맺는 과정이라고 보게 됩니다.

중생은 누구든지 십자가 부활을 믿는 동시에 자기도 모르게 순간적으로 자기의 마음이 밝아지며 숨은 죄를 하나님께 고백하게 되는 동시에 마음에 시원함을 받고 깊이 깨달아지는 마음이 생겨 그리스도의 십자가의 도리가 명백히 믿어지며 죄를 미워하고 의를 사랑하는 마음이 불타는 동시에 죽어도 진리를 위해 산다는 결심이 생기며 누가 아무리 말려도 거기에 지배를 받지 않고 신앙을 지켜 나가겠다는 것이 중생 받은 사람의 걸어가는 길이라고 봅니다.

　그러나 성결이라는 것은 결심보다도 마음이 성결해지는 데는 죄의 생각조차 나지 않는 것이며, 아무리 복잡한 일이 와도 마음이 평화롭고, 아무리 죄의 환경을 보아도 마음이 동하지 않고, 아무리 억울한 사정을 만나도 마음에 타격을 받지 않고, 아무리 낙심될 일이 와도 마음에 피곤을 느끼지 않고 나가는 것을 성결 단계라고 봅니다.

　이 성결이라는 단계에 들어가면 하나님과 직접으로 통하는 세계에서, 보는 대로 듣는 대로 판단하지 않고, 모든 것을 바로 분별할 수 있는 영계에 도달하며 자기의 구원관을 목적하는 것보다도 남을 살린다는 데 목적을 두고 조금도 괴로움을 생각지 않고 싸워 나가는 것을 성결 단계에 있는 사람의 생활이라고 보게 됩니다. (신앙문답편, 71쪽)

12. 영도침례교회

- 경북 경산에 있는 큰 교회로부터 청빙 요청이 있었으나 기도 가운데 하나님의 인도로 부산 영도에 피난민들이 모여 살고 있는 빈민굴의 교회로 가게 되었다.

- 나 고려 신학에 있을 적에 미국의 선교사가 내 생활비 줬고, 또한 학비를 줬고, 또 뭐 좋은 교회를 맡았고, 어떤 부자가 또 나 돈을 대주고, 이거 참, 이런 사람이에요, 제가요. 부산에서 신학교 다닐 적에, 부산에 어떤 부자가 돈 얼마든지 대주마 하는 거요.
그런데 산에 가 기도하고 은혜 받고 왔는데, 아니, 영도 빈민굴에 가서 설교 한 번 했는데, 빈민굴 사람들이 나를 붙드는 거예요. 우린 구호물자 타 쓸라고 작정하고 교회 세웠더니 전도사님 설교 한 번 들으니까 전부 찔리는 것이, 이젠 예수를 목숨 바쳐 믿어야 되겠다는 거야. 다른 사람 설교를 들을 적엔 아무렇지도 않더니, 아 전도사님 설교 들으니까 맘에 와 찔러주는데, 정말 예수가 뭣이 있다는 거야. 꼭 믿겠다는 거야.
그러니 그때는 눈을 감고 기도하면 가난한 사람, 이북 동포 그 사람만 보입니다. 이거 참 야단났거든. 그래서 그만 다 집어던지고 거기 들어가지 않았어? 빈민굴로.
제가 거기 가서 정말 허술한 사람, 궁핍한 자의 설움이란 걸 알아봤고, 절대 그 궁핍한 빈민굴에 들어가서, 거지 굴에 들어가서 나도 그 생활 하면서 지내보니까, 빈민의 쓰라림이 이거라고 나는 더 체험하게 됐습니다. 거기서 빈민을 붙들고 울면서 기도하다가 제가 이렇게 된 사람이

에요. (선지서 강해1, 211쪽~)

– 꼭 응답이 오려면요, 고런 일을 갖다놔요. 그렇게 억울한 사람을 앞에다 딱 갖다 놓습니다. 그러면 그 사람이 억울함을 당할 때에 무던히 벗겨줄려는 그 심정을 가져야 응답이 온단 말이요. 꼭 그래요.

제가 요한계시록 받을 때, 그때에 내 입장이라는 건요, 전부 내 앞에는 억울함을 당하는 사람들, 그저 먹지 못해 핑핑 부은 사람들, 병마에 걸려서 쓰러져 있는 사람들, 그런 사람들만 딱 갖다 내 앞에 죽 갖다 놓는 거요. 이거 기가 막히잖아요?

그러니 나도 먹을 거 없으니 어떻게 남을 줄 수 있습니까? 나도 그 사람인데, 참. 그러니 그저 하여간 3개월 동안에 맹장염 수술한 사람이 다섯이 교회 안에 생기는 데요. 그런데 거기 별의별 일이 다 생기구요.

그런 가운데서 그들을 위해서 자꾸 애쓰며 묵묵히 기도하게 될 때에 거기서 나도 모르게 계시록의 해석이 나타나더라 그 말이에요. (선지서 강해2, 240쪽)

13. 요한 계시록 해석, 신창조

● 생수 은혜 받고 10달 철야 기도 (1957.5.21)

– 빈민굴에서 빈민을 위하여 주택을 짓고 교회를 지어 봉사하던 중 불쌍한 고아와 과부를 위하여 밤을 새워 눈물 흘려 기도하게 된 것은, 영

양 부족과 지나친 노동으로 병이 들어 쓰러진 것을 보고 잠을 자다가 큰 책망을 받고 일어나서 기도하기 시작하여 3일간 철야하던 중 강한 바람이 성전 안으로 들어오며 하늘로부터 생수가 내려 내 몸을 잠겨 놓게 되었습니다.

 그때부터 30분 이상을 자지 않고, 하루, 이틀 밤을 새워 기도하기 시작하여 약 10개월을 계속하게 되었습니다. 이상하게도 머리는 명랑해져서 하루 종일 선지서와 계시록을 읽어도 지루하지 않는 감을 느끼게 되었습니다. 이전에는 이사야나 계시록을 보아도 아무런 흥미가 없었는데 그때부터는 읽을 때마다 통달이 될 것 같은 느낌을 가지게 되었습니다. (특집편, 78쪽~)

 − 하나님께서 동방 땅 끝 부산 영도의 빈민굴에서 불쌍한 과부와 고아를 위하여 눈물 흘리며 기도하던 이 사람에게 강한 바람이 부딪치는 일과 하늘로부터 생수가 강같이 흘러오는 체험을 주시면서 10개월간 30분 이상의 잠을 더 이루지 못하도록 기도를 강권으로 시킨 일이 있었습니다.

 나는 기도를 하겠다고 작정한 바도 없이 하루, 이틀⋯ 깊은 묵상에 들어가다 보니 철야를 자동적으로 하게 되어 10달 동안 계속되었던 것입니다. 그 때에 내 머리는 명랑하여지고 강한 힘은 충만해졌는데 나도 모르게 그 힘을 통하여 알려오는 영음을 듣게 되었습니다. (특집편, 56쪽)

　● 계시록 해석 받기 전 영몽을 꾸다 (1958.3.13일경)
 − 꿈을 꾸는데 열 달 동안 철야를 하고, 자지 않고 철야한 다음에 계

시록이 나타날 때 사흘 앞두고 꿈을 꾸는데 그 꿈이 꼭 맞는데, 한국의 목사대회를 가니 목사님들이 전부 시커먼 안경을 말짱 쓰더라 그말입니다. 어떤 사람이 시커먼 안경을 가져와서 전부 갖다가 씌워주는데 목사님들이 시커먼 안경을 쓰더니 좋다고 춤을 춰요. 나도 씌운단 말이요. 써 보니까 캄캄해요. 해를 쳐다봐도 캄캄하고 땅을 봐도 캄캄하고 그래 내가 안경을 벗어다가 주면서

"여보쇼, 당신 안경을 말야 이걸 날 쓰라고? 하늘이 보입니까, 땅이 보입니까? 천지가 캄캄한데 이걸 날 쓰라고?" 그러니까,

"아니 한국 목사가 다 좋다는데 왜 야단이냐."

"여보쇼! 쓰고 안 쓰고는 내 자유지. 이 양반이 참, 이 양반 이거 사람 대퉁스러운 양반이라구. 천지가 캄캄한 안경을 갖다가 쓰라고 그래?"

나 혼자 안 썼습니다. 그다음에 보니까 고기를 잡으러 왔던 사람들이 고기를 한 마리 못 낚고서 죽~ 내 앞에 나타나요.

"당신들 왜 고기 잡으러 가서 고기 못 잡았어?"

"아이구 태평양 바다가 꽁꽁 얼었는데 흥, 고기를 잡아? 어떻게 잡느냐고."

"여보쇼, 태평양 바다가 어는 법도 있어?"

"보라구! 보라구!" 그래 보니까 정말 영도에서 보니까 태평양 바다가 꽁꽁 얼었더란 말이죠.

그다음에는 내 손에 큰 쇠뭉치가 들려져요. 아주, 한 너댓 발 되는 쇠뭉치가 들렸는데 이놈을 들어 가지구서는 태평양 바다를 한 번 땅~ 치니까 한 번 쳤는데 얼음이 다 없어지고 다시 바다가 되더라 그말이요.

그랬는데 그다음에 배가 하나 나타났어요. 새 배가. 새로운 배가 하나

나타나더니 배가 내 앞으로 오는데 이 배는 돛대도 없고 돛도 달지 않았고 발동기도 없고 저 혼자 댕기는 배라요. 무슨 밴지. 타니까 그 배에 한 사람 누가 탄 사람이 없는데 이 배가 저 혼자 갑니다. 가더니 큰 창고 앞에 갖다 떡 들이대요. 그러더니 내 손에 또 열쇠가 있어요. 열쇠. 열쇠로 창고를 여니까 보화가 꽉 찼거든요. 보화가 꽉 찼는데 이 보화를 제가 배에다 싣습니다.

싣는데 한참 싣다 보니까 웬 사람 일곱이 턱 나타나거든요. 내가 탄 배에. 그래 내 있다가

"여보, 당신들 어디서 왔소?"

"하늘에서 왔소."

"하늘에서 왔어요? 뭐하러 왔소?"

"심부름 왔다고."

"무슨 심부름?"

"아니, 하나님이 당신 대학 졸업했다고 말요, 이 책을 갖다주라고 그래서 책을 가지고 왔소."

"난 대학교 문턱도 못 가 봤다고, 대학교 구경도 못한 사람이야."

"아니 하나님이 대학 했다는데요. 그러니 이거 가지시오." 자꾸 가지라고 그래요.

그걸 딱 받아보니까 조그만 책인데 겉봉을 했거든요. 봉했는데 열라니까 아직은 때가 안 됐다고, 좀 있다 열라고 그래요. 그래 그 책을 여니까 첫 번에 고기 잡는 낚시가 두 개가 딱 있어요, 첫 장에. 낚시는 그냥 두고 또 책장을 펼치니까 그땐 그물이 나와요. 그물을 잡아 댕기니까 그물이 천하에 퍼져 나가는데 한참 잡아댕기니까 태평양 바다, 천하

에 아예 그물이 꽉 차 버리고 말았어요. 내가 바로 그물을, 봉한 책을 펴는데. 번쩍 눈을 뜨니까 꿈이더라 그말이죠.

 자, 이게 대몽이요, 대몽 아니요? 이게 대몽인데. 그게 뭐냐 하면 이제 종말에 가면 하나님의 종들이 전부 다 흑암 들린다는 거 아닙니까? 예? 자, 천지가 캄캄한 새카만 먹장 같은 안경을 썼으니 흑암이 들렸소, 안 들렸소? 그럼 그때는 태평양, 자 어장이 얼었다. 이게 은혜가 다 식어진다는 말이거든요. 그게. 몽땅. 자, 지금 식어졌소, 안 식어졌소? 식어진단 말이죠. 그때엔 철장 권세가 나타나야 된다 그말요. 철장 권세. 철장 권세가 나타난다. 은사가 아니고 철장 권세가 나타난다. 철장 권세가 나타나서 태평양 바다를 치니 정말 새로 물바다가 됐단 말이죠. 철장 권세 역사가 온다는 거죠.

 그러면 그 방주, 배는 촛대교회야요. 새로운 교회야요. 새로운 교회가 나타나는데 거기다 내게 열쇠를 준다는 건 진리의 열쇠, 그 열쇠가 열려서 진리를 무진장 배에다 싣는다는 건, 교회에 진리가 나타난다는 거죠? 그다음에는 그 일곱이 거기 온 것은 나는 일곱영으로 보거든요. 일곱 영의 역사가 온다. 오면 너는 대학 졸업이다 그거야. 대학 졸업, 대학 졸업, 정말 대학 졸업이죠?

 그때 가서는 하나님이 쪼끄만 책을, 내게다 비밀을, 쪼끄만 책을 줘서 이 책 가지고서 세계를 구원하는 선교하리라, 그거 아니겠어요? 꼭 맞죠? 그러고서 사흘 만에 내가 계시록 음성을 듣게 되었단 말이죠. (설교 메모집5, 114쪽~)

● 요한 계시록 해석 알려오다 (1958.3.19)
　신창조를 받다 (1958.3.20, 사43:1~7)
　- 약 1개월을 계속으로 읽던 중 이상한 힘이 하늘로부터 내게 와서 잠겨지는 체험이 있더니 그 힘은 움직여지면서 내 입 속으로 울려 들어올 때, 말을 하는 것같이 알려오면서 계시록 4장~14장까지 똑똑히 해석이 알려왔습니다. 1958년 3월 16일부터 19일까지 세 번 알려오고, 네 번째 기록하라는 명령이 오므로 알려오는 대로 책에다 기록하다보니, 계시록 4장부터 14장까지 순서가 바뀌지 않고, 하나도 빠진 것이 없이 다 해석이 기록되었습니다.
　그때에 알려오기를 기독교 종말의 진리를 전부 네게 알려주기로 결정되었으니 너는 이것을 가지고 성경을 대조해 가면서 읽어 보면 알게 될 것이라고 하는 것입니다.
　그때에 지시가 오기를 너는 밤낮 쉬지 않고 이 진리를 증거하다가 재림의 주를 맞이하게 될 것이라고 하면서 네 몸에 신창조를 줄 것이니 십자가를 바라보고 정신을 차려 있으라는 것입니다. 그때에 나는 너무나 이상하기도 하고 두려워 밤에 전기 등을 켜놓고 눈을 뜨고 정신을 차리고 있었던 것입니다. 이상하게도 머리를 수술하는 증거가 나타납니다. 무엇인지 알 수 없는 것인데 내 머리를 모조리 뚫어 놓는 것같이 침 같은 것으로 30분간 전부 차례로 수술하는 것입니다.
　다음에 인후를 수술하고 혀와 뼈의 관절 관절을 뜯어서 다시 맞추는 것이 있더니 다음에는 내 몸의 맥을 걷고 죽은 몸이 되게 해놓고 2, 3시간 있은 다음에 다시 맥을 돌려 놓은 후에 13년간 매일같이 머리가 명랑하고 몸이 상쾌한 생활을 하면서 성경을 3년간 대조해 보고「말세 비

밀」이라는 책자를 출판하게 되었습니다. (특집편, 79쪽~)

- 이제 몸의 창조에 대한 나의 체험을 말한다. 이것은 받은 자밖에는 알 수 없는 체험이지만 성경을 증거하기 위하여 말하는 것이다. 1958년 3월 19일에 계시록을 해석해 주는 음성을 듣고 받아 기록하게 되었던 것이 지금 이 사람이 문서 운동을 하게 된 시발점이다.

계시록의 해석을 받아쓴 후에 하나님께서 말씀하시기를 "너는 이 말씀을 밤낮으로 증거하다가 승천할 사람이니 신창조를 받아야만 된다"는 것이었다. 그때에 신의 역사는 내 머리로부터 몸 전체를 다시 만들어 놓았다. 이 체험을 받은 후에 15년간 조금도 몸에 피곤이 없으며 괴로움도 없이 점점 소성하여 지금은 58세의 사람으로 청년 때보다 더 씩씩한 몸을 이루게 된 것이다.

나는 어떤 사람을 통하여 기분이 좋아서 기뻐한다든지 몸을 평안하고 호화롭게 해서 기뻐하는 것보다도 하루에 10시간씩 강단에 서고, 남은 시간은 월간지를 쓰게 되고, 밤에는 묵상 기도를 해도 몸이 점점 상쾌해지는 것을 체험할 때에 무엇으로 표현할 수 없는 기쁨을 가지게 된다. 인간의 완전한 기쁨이라는 것은 몸에 신창조를 받음으로만 누릴 수 있다는 것을 받은 체험으로 말하는 것이다.

이 역사는 누구든지 앞으로 받게 될 때에 깨닫게 될 것으로 본다. 내가 몸의 구속의 은총을 먼저 받게 된 것은 이 말씀을 담대히 전해야 할 사명이 있기 때문이다. (설교편2, 150쪽~)

- 이건 동방 땅 끝의 야곱인데 몸에 신창조를 시켰다, 그 말이죠? 그

러면 이 사람이 신창조 받았다는 것도 성경에 있어야 되잖아요? 그래서, 나만이 아니에요. 말세 종을 말짱 다시 창조를 다 시킨다 그랬거든요.

나는 그러기 때문에요, 이 신창조 받은 것에 대해서 아, 하나님께서 계시록을 딱 세 번 불러주고 네 번 만에 받아쓰고 나니까, 내가 네 몸을 신창조를 시켜서 밤낮 주님 올 때까지 이 말씀을 증거하게 하겠다는 거요. 네가 신창조를 받지 않아 가지고는 도저히 이 사명 못하겠으니까, 내일 밤에 내가 신창조를 시키러 올 테니까 정신을 바짝 차리고서 있으라고.

그래서 제가 그날 밤에 정말 이건 부득불 내가 이 간증 말하는 건 다름이 아니에요. 이말 하지 않으면 성경 해석이 안 되니 어떡합니까? 새 힘 주는데 새 힘 받으면 이렇고, 권세 받으면 이렇잖아요? 제가요. "아이구 이 목사 맨날 제 말만 한다고." 제 말만 하는 것이 아니라, 말씀 받은 종으로서 그대로 이뤄졌으니까 내가 말하는 거 아니에요? 그렇지 않소? 새 노래도 동방 땅 끝에 나온다더니 새 노래가 내 입에 와서, 그렇지 않소? 이거 말 안 할 수가 있습니까?

그저 한 사람이 대중 앞에서 입으로 불러서 70장을 갖다가 작사 작곡, 그게 말이 됩니까? 일곱 장이 아니고 70장이요, 70장. 내가 그러니까 말 안 할 수가 있어요? 그렇기 땜에 내가 이거 말하는 거요. 동방 땅 끝 사람에게 말씀 준다 그랬으니 내 받았다고 말이야.

그래 동방 땅 끝에서부터 하나님께서 나를 일으킨다니 이것이 부득불 신창조 받지 않고는 절대 안 된다, 그래요. 밤낮 이걸 증거하다가 재림주를 맞이하겠고, 네가 신창조 받고 나야 앞으로 세계를 정복할 군대를 일으킨다는 거지요.

그러니 여러분들 기도하다가 열 달 동안 자지도 못하고서 가만히 앉아서 묵상했다는 것도 너무 신기한 일이 아닙니까? 여러분들 하룻밤이라도 자지 않고 어디 새워 보라구요. 열 달을 조금도 자지 않았단 말이에요, 제가요. 낮에도 한 시간 자고, 30분 고렇게 재우고 안 재워요. 그냥 앉아서 기도시키는 거요. 열 달 동안. 꼭 열 달요.

 이, 군대 세울 영력인데 이거 보통해서 됩니까? 그래 기가 막히거든요. 어떤 때는 우리 안사람이 겁이 나 가지고 이 사람이 병난다고 야단났어요. 자지 못하고 병들었단 말은 하지 말라고 그래요, 나한테. 아니 그런데 열 달이 딱 끝났는데 하나님께서 말하기를 내가 오늘 밤에 너를 신창조 시키러 올 테니까 정신 바짝 차리고 있으라는 거요.

 십자가만 바라보고 다른 것 생각지 말라는 거야. 십자가만 바라보고 있으라는 거요. 그러니 바라봐야지, 어떻게 합니까? 그래서 그날 밤에 전깃불을 말짱 켜 놓고, 말짱 예배당 문을 걸어맸습니다. 누가 올까 봐 겁나서! 문 걸었다고 주님 오시려면 못 올까? 다 걸어매고 내가 어떻게 될라노! 눈을 감지도 않고 눈을 뜨고 십자가만 봅니다.

 그래 세 시간을 기다려도 뭐이 와? 암만 기다려도 안 와요. 오긴 뭐이 와? 그러고 있는데 살짝 뭐이 와 내 머리에 닿거든요. 아이코 왔구나. 닿는데 머리를 찌르는데요, 꼭 침 같은 걸로 찌르는데 사빡사빡 들어가는데 뇌 속에 들어갔다 나오고 따끔따끔 하더니 잠이 사르르 옵니다. 머리를 찌르는데 말이요. 이거 참 이상해요. 딛다 찌르는데요. 사빡사빡하는데, 에따 까짓 거, 아프면 도망치려 그랬더니 가만히 있어 봐야겠다. 어디 어떻게 하는 가 봐야지, 눈도 감지 않고 딱 뜨고요. 가만히 있었어요.

그런데 그 뭔가가 찌르는 시간이 아마 거반 한 20분 걸렸을 거예요. 그 담에는 다시 오더니 딱! 하더니 입을 딱 벌려요. 입이 얼마나 넓어지는지 딱 그러더니 혀를 싹 빼니까 이만치 나와요, 내 눈에 보여요. 그렇게 하고. 하여튼 제가 지게만 졌으니 몸이 세상 못쓰게 됐는데 하여간 잡아 댕겼다 딱 놓는데, 맞추는데요. 팔을 갖다 고무줄 늘이듯 늘였다 줄였다 하는 거예요.

그거 이상합다. 결국은 이 뼈가 전부 쏴 해지거든요. 그러더니 싹 갖다 세워 놓고서는 조용해요. 아무것도 없어요. 이거 이상하지 않습니까? 그래 그때부터 내가 한 번도 몸에 이상을 모릅니다. 15년 동안요. 그전에는 툭하면 몸이 전체가 그저 툭하면 설사 나고, 그저 툭하면 머리가 아프고, 늘 다리가 아프고 그랬는데 지금은 일을 해도 다리도 안 아파요.

그랬는데 그 이튿날 딱 앉아서 아주 머리도 명랑하고 몸도 이상하기도 해서 기분도 좋고 해서 앉아서 책을 보는데 아, 몸이 또 따르릉 이렇게 되거든요. 이거 이상하다 말이야. 내가 보니 하나 힘이 없어요. 너무 힘이 없어서 밖에 나갔단 말이야. 아니 우리 하나님 뭐 아니 계시록 주면서 주님 올 때까지 전한다더니 어디 이대로 데려갈려나? 오, 주여, 내 영혼 받아 주시요. 아, 나는 그저. 영혼이 떠나는 거요. 가만히 세 시간 쯤 있었는데 꼭 무슨 저 바람소리 같이 다릉 하고 들어와요. 팍 팍 팍 하면서 딱 들어와요.

그 후부터는 이상해요. 그 후부터는 여기다가 모기가 와서 깨물어도 부르트지도 않습니다. 몸이 이상해요. 그 후부터 저는 절대 여기 뭐 하나 요만한 것 나 본 일이 없어요. 무엇이 단단히 둘러싸고, 뭐 몸이 이상이 없다. 나는 지금 이렇게 봐요. 분명히 그때 신창조 받은 사람입니다. 그렇잖아요? 자, 열매를 봐 알 수가 있잖아요?

지금 내가 밤낮, 보시오, 오늘도 내가 아침부터 쉬는 줄 압니까? 작업하는 데 나가보지, 월간지 쓰지, 설교 나오지, 육의 사람이 견딥니까? 또 들어가면 월간지 또 써야지. 사람은 한계가 있으니 견딜 수 있습니까? 그러나 나 힘들어 하는 것 같아요, 힘들어하지 않는 것 같아요? 예? 그러니까 이건 분명히 그때 하나님께서 밤낮 날 말씀 가르치게 하겠단 말이 꼭 맞잖습니까? 그렇잖아요? 그래서 분명히 이게 신창조예요, 신창조. 여기 있어요. 창조했다. 내가 창조했다. (선지서 강해2, 73쪽~)

- 우리 창조 ①에덴에서 창조. ②들림 받게 하기 위한 창조.

뢰자 신창조 받은 것도 성경에 있어야지요? 신창조 받기 전에는 이 진리를 증거할 수 없고, 신창조 받아야 이 복음 전하고 군대 일으킨다고 말했다. 은혜시대는 중생의 빛, 자기가 중생 받지 않고 어찌 증거하겠느냐? 중생 받지 못하면 십자가 바로 증거 못하듯이, 신창조 받지 못하면 종말론 바로 증거 못한다. 중생 받은 자가 증거할 때 중생 역사 있듯이, 신창조 받은 자가 증거할 때 신창조 받는다.

뢰자, 신창조 받은 간증. 1958. 3. 20. 새벽 1시에 신창조. 여러분도 다같이 신창조 받을 줄 믿습니다. 뢰자 먼저 신창조 받고 영계가 올라가리만큼 올라가면 일반도 신창조 시킨다고 말했다. 아무리 좋은 것 먹어도 하늘 영양 먹는 것만큼 좋지 않다. (선지서 강해2, 77쪽)

14. 스룹 바벨 (1958. 4)

― 열 달 동안 꼭 제가 자지 않고 묵상 기도가 있은 다음에 열 달이 됐는데, 아홉 달이 되니까 머리가 명랑해지는데, 보니까요, 환하게 이 내 머리가 박사가 될 것 같은 기분이 있어요. 열 달 동안 자지 않고 철야했다는 것도 기적이지만 성경이 환하게 되는 거요.

그때부터 이 말씀이 환해지는데, 짝을 맞추는 건요, 또 그래요. 짝을 맞추는데 책을 보고서 이렇게 떡 이럭하고 보고 있는데 비몽사몽간에요, 하늘에서 은은한 소리가 들려와요. 공기가 잠잠한데. 그런데 '스룹바벨이 네게 간다' 하는 소리가 들리더니 이마를 와서 자끈 친단 말이요. 으악! 하고 깨났는데 그때부터 제가 성경이 짝이 맞아요, 환해버리거든요. 정말 말짱 성경이 짝이 있더란 말이죠. 딱 들어맞아요. (선지서 강해1, 324쪽~)

― 계시록을 제가 1958년 3월 19일날 받아써 가지고 제가 언제부터 이것이 열렸느냐 할 것 같으면 3월달에 받아 가지고 4월달부터 열렸거든요, 제가요. 계시록 열린 지가.

자, 암만 봐도 모르겠어요. 사람이란 건 뭘 받아야 알지 모르겠습디다. 계시록 해석을 받아써 가지고 내가 3월 19일날 받아써 가지고요, 한 달을 그걸 봤어요. 보고 또 보고. 이게 뭔지 모르겠어요. 무슨 말인지. 모르겠어요. 그러니 해석을 받아써 가지고도 모르니 어떻게 됩니까?

주석을 보면 주석은 좀 생각이 나요. 그때는. 주석을 보면 주석은 그래도 생각이 좀 나는데 당최 이 계시록 받아쓴 것은 봐야 캄캄이야요.

하나도 무슨 뜻인지 모르겠어요. 어떻게 된 건지. 받아써 가지고도.

그런데 그때에 정말 제가 애를 쓰다가 아슴푸릇하게 고만 잠이 들었는데 꿈을 꾸었는데요, 하늘에서 뇌성이 나는데 번개소리가 우레 소리가 나요, 나더니 "스룹 바벨이 네게 간다!" 하더니 이마팍을 자끈 들어치거든요. 으악하고 그때 일어났는데 그때부터 열려지는 겁니다 성경이. 보면요. 그때부터 그저 척 보니까 아, 뭐 환하게 그것이 열려지거든요. (메모 설교집5, 250쪽)

- 그래 사도 바울이, 지혜로는 장성한 사람이 되라 이렇게 말했습니다. 전부 자라요. 보시오. 스룹 바벨 역사 받아 가지고 3년간 자라더니, 자라나요. 자라납니다. 쭉~ 올라가요.

그다음에는 또한, 이게 이래요. 짝을 맞추는 것 받아 가지고서 자라나 가지고서 그다음에 또 역사했고, 그다음에는 원리를 받아 가지고서 자라나 가지고 역사했고, 그담에는 내가 변론 받아 가지고서 지금 자라나는 거요.

변론 받은 지가 꼭 3년이거든요, 제가. 뢰자 영감 받아 가지고서 3년을 제가 변론이 자라난 사람이야요 변론이. 그래 변론도 3년을 자라니까, 변론의 영감을 받았는데 자라니까 요즘에 와서야 내가 변론에 대해서 이제 좀. 그래 3년. (메모 설교집5, 251쪽~)

15. '세도침례교회' 부임 (1958.6)

● 은혜로운 교회로 변하다

- 교회 소재지: 충남 부여군 세도면 간대리

진리 바로 믿는 자는 실수 있어도 아껴서 은혜 받게 하라. 뢰자 어떤 교회 맡게 되어 목회할 때 제사 지내고 술장사하는 교인 있는데, 꼭 치고 싶은데 하나님이 치지 말라고 하므로 십자가 사랑을 강조하고 눈물겨운 심정으로 설교했더니 온 교인이 울며 통회. 담배 피우던 장로 영감까지 울고, 장로 사모님이 비웃더니 이 양반까지 통회. 술, 담배장사 하던 사람까지 통회, 좋은 교인 되는 것 체험했다.

다섯 남편 가진 사마리아 여자를 책망하지 않고, 간음한 여자까지 정죄 하지 않고 용서한 주님의 심정으로, 믿는 형제가 실수가 있다 해도 눈물겨운 심정으로 권면하고 기도해야 된다. (조직신학 강해, 218쪽)

- 내가 농촌 교회에 목회하러 갔는데 정말 수준이 너무 얕거든요, 수준이 너무 얕아요. 이건 뭐 집사도 술장사 담배 장사하고, 장로도 담배 먹고, 집사들이란 건 말짝 다 조상의 제사는 다 지내고, 뭐 탁배기 한잔씩은 거반 다 먹고, 그리고 뭐 청년들이 어찌 수준이 얕고, 그 뭐 성경을 제대로 보는 사람이 많은 것 같지를 않습니다.

그러나 내가 거기에서 밤을 새워 가면서 그들의 영을 위해서 기도할 때에 강단에서 설교하면 아무리 무식한 할머니라도, 글을 못 보는 할머니라도 훌쩍훌쩍 울면서 회개하고 오히려 성경을 보는 할머니보다도 더 교회를 충성되이 받들더라 그말입니다. (설교 메모집5, 31쪽~)

- 아, 내가 저 한 교회 가 목회하는데 아니 저, 추수감사가 한 교회에서 80가마씩 하니까 현 교회 목사들이 와서 말짱 댕기며 조사를 했습니다. 어떻게 돼서 연보를 냈느냐? 아, 우리야 은혜 받고 감사해서 냈수다. 뭐 어떻단 말이요? 나 별 걸 다 봤어요.

　이웃 교회 그 침례교 목사들이 와서 은근히 자꾸 조사하더래요. 어떻게 해서 연보를 그렇게 냈느냐고? 무슨 맘으로 냈냐고? 아, 나는 너무 정말 은혜가 감사하고요, 십자가로 은혜를 받고 나니 너무 감사해서 내가 자진해 냈지, 난 뭐 아무것도 아니라고. 그러냐고. 그럼 그렇지 뭐 어떻단 말이요? 나 별 사람들 다 봤어요. 무슨 그저 사기꾼 행동을 해서 쌀가마니나 뽑아 낸 줄 그렇게 알았던 모양이야요. 그게 아니야요. (설교 메모집5, 283쪽~)

● 계시록이 밝아지다

　- 계시록이 밝아질 적에, 세도교회 가니까 또 그렇게 한단 말이야. 열 살 나 가지고서 팔다리가 비틀려 돌아가다가 딱 굳어진 사람인데, 전신불수인데, 고걸 딱 갖다가 앞에다 놓고 그를 위해 기도하랍니다. 참. 그래, 그를 위해서 기도하는데, 나는 그 아이를 위해서 기도할 적에, 그 아이 때문에 눈물 흘리며 기도해 주면 말씀이 밝아지고. 여기 와 가지고는요, 똥을 싸서 내놓기도 하고, 그저 별짓 다 해요. 시간 관계로 그걸 말 다하지 못합니다. 그런 사람을 갖다 그냥 기도해야 말씀 밝아져요. (선지서 강해2, 240쪽~)

제 4 장

'말세 비밀' 출판

전국 부흥 집회

국가와 민족을 위한 특별 기도

별의 징조

향로봉에서 기도

숫용추에서 천막 집회

16. '말세 비밀' 출판, 전국 부흥 집회 (1960.3.1)

● 사기를 당해 2달 기도 후 전국 부흥집회 인도

― 내가 말세복음 운동을 시작하여 어떤 형제의 사기적인 행동을 모르고 그를 귀한 종이 되기를 바라는 마음으로 받들어 주다가 많은 물질의 손해(쌀 135가마)를 보게 되었을 때, 약 2개월 동안을 무릎을 펴지 않고, 머리도 들지 않고, 밤낮 주 앞에 엎드린 일이 있었다.

그 때 동역자들은 오히려 조롱했지만 2개월이 지난 후에 뜻밖의 역사가 일어나서 교회가 부흥되고 3, 4년간 부흥 운동을 하는 일이 있었다. 인간이 실패한 것 같으나 언제나 어려운 일이 있을 때 주 앞에 엎드리면 더 큰 열매가 있다는 것을 체험한 것이다. 그러므로 누구든지 열매가 나타나는 응답을 보려면 겸손히 주 앞에 엎드려 간구하는 일이 있으면 된다. (설교편3, 139쪽)

● 맹세를 세우다 (1960.2.9)

― 이 다음에 그 심판대 앞에 가서 어떻게 책임질라고 책자를 마음대로 책을 내서 가르쳐요? 나는 말짱 하나님이 맹세 세웠어요. 맹세. 맹세. 맹세 세웠어요. 맹세. 1960년 3월 1일날부터 나갈 때에, 너 부산서 내가 네게 입술을 통하여 직접 기록하라고 준 거 고대로만 전하면 넌 책임 없다. 바로 1960년 2월 9일날 아침에 맹세 세웠어요, 하나님. 요대로만 전하면 너 책임 없다는 거야요. 내가 책임 있지. 내가 불러 썼는데 너 책임 있느냐? (설교 메모집5, 311쪽)

● '말세 비밀' 세상에 내놓다

- '말세 비밀' 서론

　본서를 받아 기록한 자의 체험은 다음과 같다. 1955년 12월 27일 강원도 대한 수도원에 들어가서 9일간 특별 헌신기도를 하게 되었다. 기도의 목적은 성결한 마음을 얻고자 하는 것이었다. 나는 성령의 큰 책망을 받게 되어 중심으로 잘못된 모든 죄를 눈물로 통회하며 하늘을 우러러 부르짖게 되었다. 일정한 장소에 1일 3차씩 기도를 올리게 되었다.

　본월 30일 오전 6시에 하늘을 우러러 부르짖는 기도를 올리는 중 환상 중에 하늘에서 주님이 나의 기도를 좌편 귀로 듣고 계신 모양이 보였다. 1956년 1월 1일 오전 6시 두번째 전번과 같은 환상이 보이며 주님께서 나를 위하여 기도하시는 모양이 보여졌다.

　9일간 기도를 마치는 시간에 하늘로부터 뜨거운 불이 나의 가슴에 안겨지는 체험을 받은 후 중심에 뜨거움을 받게 되다.

　1957년 5월 21일 기도 중 생수 같은 것이 몸에 들어오는 체험이 있기 시작하여 십자가의 의를 생각하며 기도할 때마다 생수 같은 것은 계속하여 나의 몸에 잠기게 되었다. 이와같은 증거가 계속될 때 나의 몸은 피곤을 모르고 대부분 계속하여 철야기도를 하게 되었다.

　그 후에 1958년 2월 19일 철야기도 중 생수 같은 것이 나의 뇌속에 가득하게 되었다. 이러한 일이 있은 후 종일토록 성경을 연구하여도 머리는 피곤이 없게 되었다. 다음 3월 16일부터 철야기도 중 요한계시록 4장으로부터 14장까지 해석하여 주는 신비한 소리는 17일, 18일 세번 거듭 들리게 되었다. 3월 19일 받아서 기록하라는 성령의 지시를 받게 되어 기록할 때 먼저와 같이 들려지는 것을 그대로 받아 기록했다. 다음 참고되는 성경 구절은 사34:16과 같이 짝이 있음을 찾아 절수를 들어서 기록하되 계10:7과 같이 계시록의 비밀은 선지서의 글의 해석할 만한 글이 있다고 깨닫게 되어 나혼자 알고 있고자 하였지만 1959년 2월 9일 기도 중 각장의 총론이 먼저와 같이 다시 들려왔다. 들려지는 대로 받아서 기록하였다. 이와같이 된 후에 이것을 출판하여 세상에 내어 놓으라고 지시를 받게 되어 두렵고 떨리는 마음으로 순종하여 세상에 내어 놓은 것뿐이다.

 (주의) 이 글을 기록하는 본인은 기도 중에 이 책을 받아 써 놓고 한번 시정을 하였다가 받은 대로 한 자도 가하거나 감하거나 하지 말라는 지시를 거듭 받게 되어서 다시 붓을 들고 조심스럽게 받아 기록할 적에 처음에 쓴 글자를 조그마한 것이라도 맘대로 시정치 않고 그대로 세상에 내놓사오니 누구든지 이 글을 본문만은 맘대로 시정하지 마시되 참고서는 제가 한 것이니 더욱 성경에서 연구하시면서 은혜 받기를 바랍니다.
 만일 누가 이 글을 맘대로 시정한다면 시정하는 자에게는 손해 볼 일이 있을 줄 생각합니다. 왜 그러냐 하면 제게도 이 글을 기도중에 세번이나 영음으로 알려 줄 적에 한번도 변함없이 그대로 알려 주셨고, 기록할 때도 한 자도 변치 않고 분명하게 일러 주셨습니다.
 그러므로 저는 세상에 이 책을 내놓는 것은 주님께 순종하고 복종하는 것뿐이오니 누구든지 저를 두고서 아무런 말씀도 금하여 주시기 바랍니다.
  충남 부여군 세도면 간대리 세도교회 이유성

17. 국가와 민족을 위한 특별 기도, 별의 징조

- 한번은 9일간 국가와 민족을 위하여 특별 기도(1961년)를 할 때에 하나님께서 기도의 힘을 주므로 하루에 6시간씩 눈물 흘려 부르짖는 일이 있었다. 일어서서 하늘을 바라보고 기도하던 중 기도를 마치는 마지막 날 새벽이었다. 하늘에서 큰 징조가 나타날 때 별이 열두 개가 빛을 내어 우리나라로 비춰지는 광경을 보았다.

그 때 이상한 방언이 내 입에서 나오며 알려오기를 "네 민족을 위하여 낙심하지 말라, 하나님께서 열두 별과 같은 종들의 역사가 이 나라에 나타나서 세계 열방을 깨우치므로 네 나라가 빛나는 나라가 된다"고 하는 것입니다. 그때부터 나는 우리나라를 위해서 기도하는 데 전력을 두었습니다.

'하나님이 보호하사 우리나라 만세'는 하나님께서 사명적인 국가로 예정한 약속의 말씀으로 믿습니다. 기독교 종말에 '새 일'이란 진리가 즉 이 뜻인 것을 성경에서 알았습니다. (사43:19)

- 그때에 방언이 열리며 내 입에서 통역이 나오기를 "너는 네 민족을 인하여 근심하지 말라. 낙심하지 말라. 열두 사도적인 역사가 네 나라에서 일어나 열방을 깨우치리라" 하는 것이다.

- 1964년 8월에 일곱 별이 빛을 내어 이 나라로 내려오면서 "완전 역사가 네 나라에 임하리라"고 하였다. 향로봉에서

– 1965년 1월에도 일곱 별이 빛을 내어 내려오면서 국가를 위하여 기도하라는 명령이 있었다. 그 다음부터 우리 수도원에 40일 금식 기도하는 역사가 일어나서 600명이 넘는 금식자가 생기게 되었다. 하늘에서 나타난 이러한 징조를 보아도 너무나 놀랄 일이 아닐 수 없다. 그러므로 나는 우리나라가 세계를 통치할 역사의 본부가 되는 동시에 새 시대의 중심지가 된다는 것을 확실히 믿는 바이다. (설교편2, 220쪽)

18. 향로봉에서 기도

● 십자가 기호, 11장 성가, 북진에 대한 말씀 알려오다 (1964.8.19)
– 꿈에 기도하러 가라는 지시를 받았다. 떠나면 하나님이 인도하신다고 하셨다. 대전에서 동학사 가는 버스를 타고 가서 버스에서 내리니 젊은 청년이 꾸벅 절을 하면서 "목사님 기도하러 오셨죠?" 하고 인사를 했다. 젊은 청년을 따라가서 삼불봉(향로봉)이란 곳으로 갔다. 그 곳에 가보니 흰 돌이 방석만 하게 깔려 있었다.

– 깃발에 대해서 지금 또 여러 가지 말이 많은데요, 저 깃발에 대해서 이 시간 잠깐 간증하겠습니다. 1964년 8월입니다. 계룡산 향로봉이라는 데 가서 기도하는데, 그때 깃발이 척 나타나는 게 보이더란 말이죠. 푸른 깃발에 은빛 십자가가 턱 나타났는데 내게 알려오기를 '이제 공산당이 남하를 못한다.' 그래요. 반드시 북진하는데, 푸른 깃발 든 사람들

이 북진하는데, 계룡산에서 나온 군대는 푸른 깃발을 들고, 또 국군은 태극기를 들고 그렇게 하고 북진한다. 그래요. 도무지 그게 뭐냐. 그런데 그게 보이게 되면요, 눈을 떠도 보이고 감아도 보여요. '야, 이상하다. 계룡산에서 일어나는 군대는 푸른 깃발 들고 북진하고, 국군은 태극기 들고 북진해?' 그때는 계룡산 수도원 생기기 전에, 이런 수도원 하려고 마음도 안 먹은 때입니다.

5월 15일 날 깃발을 달으라고 그래요. 그 반석 복판에 깃발 달 곳을 예비해 놨으니 반드시 네가 찾아서 거기다 기호를 세워라. 그러면서 깃발의 척수를 다 대 주면서 깃발의 내력을 또 주시거든요. 이 깃발이 즉 세계 통일의 기호인데, 이게 십자가 기호인데, 그래서 그 깃발에 대해 알아야 된다는 거죠. 그래서 그렇게 됐습니다. 그래서 어떤 사람은 깃발 가지고 자꾸 말하지마는 여보, 십자가 기호를 갖다가 반석 중앙에 꽂았다고 해서 이단이 되지 않아요. 그렇잖아요?

깃발이란 건 반드시 여기 있다고 하지 않았습니까? 그러면 자, 여기에 새 시대의 말씀이 나타났다면 깃발도 있어야지요? 깃발이 없으면 됩니까? 그러면서 하나님께서 말씀하시길, 깃발을 달되 아침에 꼭 7시에 깃발을 달고, 정오 12시까지 깃발을 달아라. 그래서 그대로 다는 것뿐이에요. 그리고 이 깃발 달았다고 해서 뭐 이단이랄 거 없습니다. 그렇잖아요?

그리고 앞으로 반드시 북진할 때는 이 깃발 들고 올라간다는 것입니다. 북진 기호가 나와서 기호로 말미암아 승리한다는 거지요.

그러면 '깃발을 세우는 곳이 영화롭게 되리라. 기호 아래 각 나라 사람이 모여들리라.' 이 사람들은 새 시대 갈 사람이요. 깃발을 중심해서 반드시 사람들이 모여들어 가지고 그 사람들로 말미암아서 새로운 시대 이루어지리라 그 말이에요. (선지서 강해1, 106쪽~)

19. 숫용추에서 천막 집회를 열다 (1964.8)

- 1964년 8월 숫용추 옆에 천막을 치고 집회를 열다. 비가 많이 내리고 천둥 번개가 요란했으나 인명 피해도 전혀없었고 집회도 계속 되었다고 한다.

제 5 장

계룡산에 들어가다

'새일수도원' 건축

40일 금식 기도

'새일수도원' 헌당식

죄자 사명

엘리 제단

20. 계룡산에 들어가다 (1964.9.4)

● 붉은 용과 20일 전쟁

— 마귀란 놈은 사랑을 끼고서 의심나게 만든다. 마귀는 틀림없이 뱀이다. 가장 간교한 자체가 마귀다. '정녕 죽으리라'를 '죽을까 하노라' 말씀 변경시키니 마귀가 꾀었다.

뢰자 이 산에 들어와 직접 용과 싸워 이겼다. 계룡산 상공에 용 두 마리가 돌아다니면서 활동했는데 저 용을 이겨야 계룡산을 정복한다고 했다. 옛 뱀, 용, 마귀라는데 저것을 이겨야 계룡산 수도원하고 많은 종을 일으킨다고 했다.

"너를 용을 이길 수 있는 몸으로 신창조 시켰으니 무서워하지 말라"고 음성. 도저히 이겨낼 수 없어

"죽어 천당이 좋지, 저놈과 못 싸우겠습니다"라고 기도했더니 영력을 싹 걷는데 용의 감화가 몸에 들어오는데

"하나님, 살려주시오" 했더니

"다시 그런 소리 해 보아라" 하면서 용을 물리쳐 주었다.

세상 모든 일이 용의 감화. WCC, 처자 애착심, 불의한 생각은 용의 감화.

"이 산에 들어오는 사람을 가르치겠느냐? 계약하자!" 3시간 동안. 그래서 교회 사표 내고 이 산에서 일하기로 작정했다.

이 산에 들어와서 직접 용과 싸워 이겼다. 받은 말씀으로 이겼다. 수도원에 내린 책자를 마귀는 제일 무서워한다. (조직신학 강해, 283쪽)

21. 「새일수도원」 건축 (1964.9.24 사19:19)

- 산 주인에게 400평 기증받다
  불 가운데서 '뢰자'라는 이름 주시며 수도원 건축 명령
  본교회 장로와 동역자들이 반대해도 수도원 사업 진행

― 1960년 3월 1일부터 이 글을 출판하되 '말세 비밀'이라는 책자를 세상에 내놓고, 각 곳에 초청을 받아 집회를 계속하던 중, 1964년 9월 5일에 계룡산 상봉 앞 현「새일수도원」이곳에 기도하러 왔던 것입니다.

첫날 밤 이상하게 하늘로부터 음성이 들려오기를, 내가 이 산을 창조할 때 사19:19과 같은 제단이 설 자리를 준비하였으니 찾아서 제단을 쌓고 너는 종을 가르치는 일에 전력을 두라는 것입니다. 그러나 나는 무슨 일인지 모르고 의심을 했던 것입니다. 그러나 2, 3차나 계속으로 알려오므로 이 산을 편답 중에 지금의「새일수도원」자리를 얻었습니다. 그러나 나는 도저히 이런 우렁찬 석조 건물을 생각도 못했습니다.

그러나 9월 24일 오전 3시에 기도 중 하늘에서 큰 불덩이가 떨어져 내려오면서 나를 치는 것입니다. 나는 기절을 하다시피 되었습니다. 그러나 죽지는 않고 큰 소리를 질러서 하나님을 찾았던 것입니다. 그때에 불 속에서 음성이 들려오기를, 오늘부터 이곳에 성전 건축을 시작하라는 것입니다. 성전의 방식을 알려올 때에 앞에 삼 탑을 쌓고 70평 건물을 짓되 사람이 다듬은 돌을 외면에 보이지 않게 자연석 돌로 집을 지으라는 것입니다.

그때 이 성전을 지으므로 이 성전에 말씀이 임하여 모든 책자가 학과

로 나타날 것이라고 하는 것입니다. 성전을 짓되 이름을 '뢰자'라고 고쳐 가지고 지으라는 것입니다. 만일 순종치 않으면 너는 이 불 속에서 죽을 것이라고 하므로 떨리는 마음으로 그날부터 성전 건축을 시작하기로 작정하매 불은 걷어가고 조용한 밤이 되었습니다.

 나는 날이 밝기를 기다려서 그날부터 수중에 있는 일금 2천 원을 가지고 공사를 시작했던 것입니다. 그러나 기도하는 종님들에게 하나님께서 역사하시어 건축 헌금이 계속 들어오므로 1965년 5월 15일에 헌당식을 하고 수도를 시작했던 것입니다. (특집편, 57쪽~)

 - 성경을 3년간 대조해 보고 「말세 비밀」이라는 책자를 출판하게 되었습니다. 그 후에 쉬지 않고 집회를 인도하러 다니던 중 1964년 9월 24일부터 계룡산 상봉 앞에 수도원을 시작하게 되었습니다. 나의 목적은 새로운 용기를 얻기 위한 목적이었는데 하늘로부터 세미한 음성이 들려오기를, 이 산에 너를 인도한 것은 천지 창조할 때부터 변화성도를 일으키기 위하여 제단 자리를 준비한 곳이 있으니 그 곳을 찾아서 제단을 쌓고 변화성도가 될 사람들을 무장시키는 일에 전력을 두라고 하는 것입니다. 그때에 나는 무슨 뜻인지를 모르고 당황하게 되었습니다. 왜냐하면 목회 일을 보던 사람이 큰 교회를 내놓고 어떻게 이 산에 들어와서 이런 사업을 할 수가 있을까 하는 생각입니다.

 그러나 계속으로 기도할 때마다 2, 3차 알려오므로 산을 편답하던 중 지금의 「새일수도원」 자리를 발견했습니다. 그러나 조속한 시일 내에 이런 웅장한 건물이 설 줄은 몰랐던 것입니다. 이상하게도 산 주인 되는 사람이 나를 만나 무조건 수도원 대지 400평을 기증한다는 기증서를 써서 주는 것입니다. 그 기증서를 받고 기도하던 중 1964년 9월 24일 새벽 3시에 하늘로부터 큰 불덩이가 내려오면서 기도하는 나를 때리는 것입니다. 깜짝 놀라서 어찌할 줄 모르게 되었습니다. 그때에 그 불은 산을 덮고 그 불 속에서 음성이 들려오기를, 너는 이름을 '뢰자'라 하고, 이제부터 곧 성전을 짓되 자수로 노동을 하면서 성전을 건축하면 이 성전 안에 하나님의 말씀이 서책으로 임하게 될 것이니 너는 이것을 가지고 종들을 가르치라는 것입니다. 성전 모양을 앞에는 삼 탑을 쌓고 70평으로 짓되 튼튼하게 집을 지으라는 것입니다. (특집편, 80쪽~)

 - 1964년 9월을 회상하면서 다음과 같이 간증을 기록합니다. 이 사람은 이러한 거창한 사업을 할 마음조차 가져 본 일이 없었습니다. 인간이 볼 때는 실패를 당하는 것 같았으나 하나님 편에서는 큰 승리를 이루기 위한 시발점이 9월이라고 봅니다.
 그 전에 이상한 꿈을 꾼 일이 있었습니다. 꿈에 음성이 들려오기를 너는 계룡산 상봉 앞에 가서 기도하라 하는 것입니다. 너무나 이상해서 1964년 9월 4일에 계룡산 상봉 앞, 현재 「새일수도원」이 있는 출입문 앞의 큰 바위 사이를 자리 잡고 기도를 시작하였습니다.
 첫날 밤 하늘로부터 세미한 음성이 처량하게 들려올 때에, 너는 이 산에 제단을 쌓고 말세 종을 가르치라는 명령을 받았습니다. 그때에 나는 이 말이 무슨 뜻인지를 몰라 당황하였습니다. 그러나 다시 하늘로부터 명령이 내려오므로 계룡산 상봉 앞을 편답하기 시작하였습니다. 그러다가 현재 「새일수도원」이 선 자리를 발견하였던 것입니다. 그 자리에서 뒷산을 바라보니 나를 안고 있는 것 같고, 앞을 바라보니 만국이 굴복하고 들어오는 것 같은 형상이 보이고, 좌우를 바라보니 성을 쌓아 두른 것같이 감상이 느껴졌습니다.

내 마음에 틀림없이 큰일이 있을 자리라는 것을 깨닫고 있던 중 하나님께로부터 다시 알려오기를, 너는 모든 것을 다 버리고 처자까지 내게 맡기고 이 산에 와서 희생 봉사로 주의 종들을 위하여 수도원 사업을 하라는 명령이 2, 3차나 거듭 있으면서 약 3시간 동안을 계속으로 재촉하는 것이었습니다. 할 수 없이 목회하던 교회에 사직서를 내고 새 출발을 하기로 결심하였습니다.

그날 나는 우연히 산 주인을 만나게 되었습니다. 그래서 나는 산 주인에게 말하기를 이 산이 참 좋은 산이라고 하였더니 산 주인이 말하기를 그 산이 무엇이 좋으냐고 하였습니다. 내가 말하기를 여기가 수도원 자리로 적합하다고 할 때에 그는 돌이 이렇게 많은 이곳에다가 어떻게 수도원을 지을 수 있느냐 하면서 필요하다면 주겠다고 말하는 것이었습니다. 그래서 땅 400평을 요구하였더니 즉시 승낙을 하면서 자필로 기증서를 써서 내게 주는 것이었습니다.

한 푼의 돈도 주지 않고 400평이라는 땅을 기증을 받을 때에 너무나 이상해서 나는 물어 보았습니다. "이것이 어떻게 된 것입니까?"라고 하니 산 주인이 말하기를 목사님을 볼 때에 초면이지만 내 마음이 기뻐지고 무조건 요구하는 대로 해 주겠다는 마음이 생기더라는 것입니다. 그 많은 불도인들이 이 산을 달라고 하여도 줄 마음이 조금도 없던 내가 목사님에게 이 산을 드린다는 것은 자기도 이상하다는 것입니다. 그런데 나는 즉시 수도원을 짓겠다는 마음은 없었고, 하여튼 훌륭한 자리이니 맡아 두었다가 보자는 데 있었습니다.

그러나 9월 24일 새벽 3시에 하늘로부터 큰 불덩어리가 떨어져 내 몸을 치는 것입니다. 그때에 나는 몸이 없어지는 것 같은 감각이었습니다. 그런데 그 불은 나를 둘러싸고 도는 것이었습니다. 그때에 불 속에서 음성이 들리기를, 네 이름을 '뢰자'라고 주노니 이 이름을 가지고 오늘부터 성전을 시작하라는 것입니다.

성전은 사람이 다듬은 돌로 짓지 말고 자연석을 가지고 짓되 앞에 3탑을 쌓고, 70평 건물의 집을 튼튼히 지어서 새 시대에 사람들이 기념하게 하라는 것입니다. 그리고 이 집에 많은 서책이 임하게 될 것이니 이것을 가지고 말세의 종들을 가르치라는 것이었습니다.

어찌할 수 없이 나에게 있는 단돈 2,000원으로 공사를 시작할 때에 목회를 보는 교회의 장로님이 나를 찾아왔습니다. "목사님 도대체 무엇을 하십니까?" 하고 장로님이 물어볼 때에 내 입장은 너무나 난처했습니다. 왜냐하면 적어도 목사가 경솔히 이런 공사를 하는 것은 있을 수 없는 일이고, 공사를 한다 하여도 본 교회의 장로님과 상의가 있은 후에 하는 것이 원칙인데, 나도 어찌할 도리가 없이 두려워서 빈손으로 공사를 시작했다는 것은 인간이 볼 때에 도저히 이해할 수가 없는 일이기 때문입니다.

그러므로 장로님은 나를 붙들고 하는 말이 "목사님, 망하지 않으려면 오늘이라도 다 버리고 집으로 돌아갑시다. 이것은 분명히 마귀입니다." 하는 것이었습니다. 그리고 많은 동역자들이 나를 찾아와 하나같이 말하기를 계룡산에 나타난 이 지시나 불은 다 마귀 역사라고 하면서 포기해 버리라는 것입니다. 내가 체험담을 말하면 동감을 하는 사람은 하나도 없고, 누구나 다 반대하는 것이었습니다.

그래서 나는 단언을 내리기를, 망해도 내가 망할 것이니 이 일에 대하여 절대 간섭하지 말라고 하였습니다. 그때에 동역자들은 말하기를, 이 목사가 끝까지 고집을 부린다면 자기들은 수도원 반대 운동을 하겠다는 것입니다. 그때에 나는 생각하기를, 사람이 반대한다고 해서 이 사업이 안 된다면 이것은 분명히 마귀의 지시다. 그러나 앞으로 두고 보면 안다고 하면서 백암동에 있는 조그마한 집 사랑방 두 칸을 얻고 본 교회에서 이사를 왔습니다. 참으로 비참하고 가련한 일이었으나 한 번 하나님 앞에 작정한 일을 후퇴할 수는 없었습니다. 그러므로 나는 친수로 노동을 하면서 수도원을 짓기 시작하였습니다. (특집편, 215쪽~)

- 여기에 대해서는 제가 간증을 부득불 해야 되겠습니다. 제가 이런 수도원사업을 할 생각도 가져본 일이 없었는데 하루는 꿈을 꾸는데 이상하게, 계룡산 상봉 앞으로 기도하러 가라고 꿈을 꿨어요. 그 다음엔 또 기도하는데 또다시 내게 알려오기를 또 그때도, 가라고 그래요. 하도 이상해서 차를 타고 두계역을 지나갈 때는 이 산을 바라보면 꼭 그 생각이 들거든요. 꼭 그 상봉 앞에 큰 골짜기 거기로 기도하러 가라 그래요. 그랬는데 제가 1964년 9월 5일 기도하러 갔습니다.

척 들어오니까 첫날밤에 하늘에서 음성이 내려오는데, 하나님께서 천지를 창조할 때에, 여기 이사야 19장 19절의 제단자리가 이미 준비돼 있으니, 너는 제단을 쌓고, 여기서부터 역사가 일어나서 새 시대 이뤄지는데, 내가 그래서 너를 이 산으로 인도했다, 그럽니다.

그러면서, 이산은 여호와의 산인데 여기는 변화성도가 기도하는 산이다. 네가 기도하는 땅은 거룩한 땅이다. 여기는 귀족이 왕래하는 땅이 되리라. 똑똑히 위에서부터 알려옵니다. 여기 제단자리가 있다고. 첫날은 그 음성을 똑똑히 듣고도 하도 이상해서, 산에 들어와서 그런 음성은 처음 들었단 말이죠. 분명히 음성이 내려와요. 이건 꿈도 아니고 밤에 기도하는데 분명히 들려요. 선명히 공중에서 주의 음성이 내려오는데 그 때는 무심했어요. 이튿날 밤 또다시 이렇게 들려와요. 의심하지 말고 찾아보라는 거요. 그래서 내가 이산에 올라와 보니 지금 제단 자리, 그때는 큰 바위가 여기 반석이 하나 있는데, 여기 와 기도를 하고 죽 둘러보니까 그렇게 이 산이 좋더란 말이요.

　그때에 내게 알려오기를, 여기가 제단자리라는 것을 직접 내게 알려오더란 말이에요. 그래서 산 옆을 바라보니 분명히 정말 무슨 자리란 걸 발견했습니다. 앞에 산이 두루 막힌 걸 봐도 이거 참 신기하고요. 하여간 이게 참 특이한 자리라는 걸 그때서야 느꼈어요. 여기 분명히 무슨 자리로구나.

　그랬는데 하나님께서 그날 밤에 큰 용 두 마리를 딱 갖다가 내 앞에다 나타나게 한단 말이에요. 이것이 옛날 에덴동산에서 아담·하와를 꾀던 뱀인데, 너는 이 뱀을 이겨야만 이 산에서 새 시대 이룰 수 있는 역사 일어나고, 또는 변화성도가 많이 일어난다는 거요. 그래서 용과 싸움을 하는데 그때에 그 모습은 말 다할 수 없습니다. 나중에 또 다시 말하겠습니다만, 그때에 내게 말하기를, 너는 다 포기하고, 말짱 포기하고 너 보던 목회도 포기하고, 또 너는 다 떠나서 여기 들어와서 네 친수로 제단을 쌓고 말세 종을 가르치라는 거요. 그때 저는 작정을 했습니다.

　그런데 그날, 이상하잖아요. 산 주인을 내가 만났어요. 내가 그런 얘기를 했어요. 여기 자리가 좋다니까,

"뭐이 좋소? 돌이 많아 좋아요? 돌만 많지 뭐이 좋소?"
"아, 나는 좋다고."
"좋으면 목사님 가지구려."
"정말이요?"
"그럼 내가 목사님보고 거짓말 하겠소?"
"여보, 그 초면에 만나서 어떻게 이 산을 날 가지라고 그러우?"
"아니 나는 목사님 만나니까 이렇게 맘이 좋수다 그려."
이러는 거요. 그래 내 있다가,
"그런데 당신 계약서를 써 주시오."
"아, 쓰지요. 종이 있습니까?"
종이를 척 내놓으니까,
"그 어떻게 쓰라우?"
"기증서라고 쓰라우. 기증서. 이 산 번지 쓰라우. 번지 쓰고. 아무 데 몇 평 가운데 400평은 아무 목사에게 말세에 사명자를 기르는 수도원으로 쓰기로 바친다고 딱 쓰시오." 썼어요.
"그 아래 이름을 쓰시오. 도장 있소?"
"도장 없는데요."
"그럼 지장 찍으시오."
"찍지요." 찍고.
"여보 당신 이거 어떻게 된 노릇이오?"
"그건 나도 모르겠는데요." 그 첫 날인데 그 날.
"저 중들이 와서요, 거기다 절터를 달라고 그래도 안 줬는데 목사님 만나니 이거 뭐 어떻게 된 건지 나도 모르겠어요. 가지시오."

그래 이 산을 맡았단 말이요. 그 밤에 음성이 들려오면서 또 따지는데, 결정한 그날이에요. 그런데 그날 밤 기도하는데, 1964년 9월 23일 날 제가 이 산에서 기도하다 작정을 하고, 그 다음에는 이 산을 받고, 그 이튿날 기도하는데 갑자기 동이덩이 만한 불덩어리가 땅~ 하고 떨어져요. 얼마나 혼이 났겠습니까? "으악!" 했단 말이야, 내가. 그런데 불덩이가 내리쳤는데, 내가 죽지 않았는데, 불덩이가 빙글빙글 돌아가요. 내 몸에 불이 닿았는데 이 몸이 타지도 않고, 양복이 타지도 않고, 이래요. 얼마나 혼났겠습니까?

그런데 불 가운데서 직접 그때 음성이 나오는데, 너는 우레 뢰(雷), 아들 자(子), 뢰자(雷子)란 이름을 내가 주노니, 너는 오늘 그 이름을 받아 가지고서 그 이름을 가지고 수도원을 짓되, 네가 친수로 수도원을 지어라. 너는 내게 순종하면 내가 붉은 용을 이기게 해 주겠고, 또 너를 당할 자가 없다는 거야. 그러면서, 너는 이 수도원만 지으면 내가 말세 종을 가르치는 말씀을 학과로 내려보낼 것이니, 그걸 받아써 가지고서 너는 가르쳐라.

그때에 알려오기를, 수도원을 지으라는 것, 또한 너는 침례를 베풀라는 것, 가르치라는 것. 누구든지 변화성도 될 사람은 말짱 다 물에 잠겨 침례를 주라는 거요. 그래야 하나님 인정한다는 거요. 예수님이 요단강물에 잠기듯이.

그래 얼마나 혼났겠습니까? 그러니 불이 빙글빙글 돌아가면서 말이 나오는데, 이거, 모세는 멀리서 불을 보기나 했지, 이거, 오싹오싹, 뼈가 말랑말랑하는 게 정말 죽을 지경입니다.

그러니 그때에, 하나님 그저 저를 살려만 준다면 제가 하겠습니다. 아,

그랬더니 불을 쓱 거둬가요. 그러니 그저 캄캄한 밤인데 고요한 새벽이거든요. 아, 큰일 났단 말이야, 이거 참 야단났구나. 그래 벌벌벌벌 떨리는데 말이요. 얼마나 혼이 났던지 말이야.

그래서 그 날 내가 산 임자를 찾아가서,

"여보쇼, 내가 밤에 기도하는데, 당신네 산에 수도원 지으라고 천불이 내려 가지고서 음성이 내려오길래 내가 그러기로 작정을 했는데, 오늘부터 수도원 지어야겠소."

"그래요? 그러나 오늘에야 어떻게 되겠습니까? 내일부터 하시지요."

아니라고. 오늘 해야 한다고. 당신 연장 좀 달라고. 그래서 그 집에서 곡괭이, 삽 얻어 가지고 내가 혼자 여기 와서 무릎 꿇고 기도하고, 호주머니 돈 2천 원 있었거든요. 2천 원을 그 자리다 놓고서 기도하고서 시작합니다.

그때 본 교회 장로가 턱턱턱턱 온다 말이요.

"목사님, 여기서 기도하십니까?"

"예"

"그, 뭘 하시오?"

"수도원 짓습니다."

"뭐? 목사님, 뭐 수도원요?" 그때 내가

"장로님 내말 들어보시오." 그래서 첫 번에 여기 들어와서 하늘에서 음성이 들려 내려오던 거, 그 용이 나타나던 거, 그걸 이겨야 된다고 그러던 거, 또한 내게 명령한 거, 오늘 아침에 천불이 내려온 거, 또한 이렇게 내 이름을 뢰자라고 불러줬다는 거, 또 여기서 역사 일어나 새 시대 온다는 거, 말했더니 담박,

"큰일 났다! 마귀! 마귀! 안 돼! 허허! 아이구, 목사님, 목사님, 갑시다."아, 눈물을 뚝뚝뚝 흘리면서 날 미쳤다고 가잡니다. 참, 야단났어! 그 장로는 정말 날 사랑하는 장로님인데. 그런데 하나님이 그랬거든요, 그날 아침에.

"너, 누가 와서 무슨 소리해도 넌 순종 안 하면 안 된다."는 거야, 순종하라는 거야.

자, 그때부터 누구든지 날 마귀한테 홀렸답니다, 말짱 다. 처음에 계시록을 부산에서 받을 때는 바로 받았지마는 이건 잘못 됐다는 거야. 그러면서 그때부터, 내가 계룡산 와서 홀렸다고 그러면서, 누구든지 다, 나 망한다는 거요. 또 망하는 꿈을 꿨다 그래요. 망하는 지시 받았다 그래요. 그때부터 짓밟히는데, 난 수도원 지을 때부터요. 그러나 이제 와 보니까 마귀가 아니에요. 분명히 여호와 하나님입니다.

나도 첫 번에는 좀 당황했어요. 그러니 죽지 못해서 시작한 거지, 자신이 없었거든요. 그저 무서워시! 그저 누가 하기 좋아하겠소? 여보! 처자를 타처에 갖다가 저 백암동 사랑채 얻어서 갖다 놓고서 먹을 것도 없지, 그때 그렇게 온 동역자들이 날 미쳤다고 말짱 다 돌려대고 흉을 보지, 거 참 죽을 노릇입니다.

정말 이거는 떨면서 시작한 수도원입니다. 그때에 하나님께서 날 이렇게 강하게 명령했지마는 참 이건 너무 야단났단 말이야. 그래 내가 이 산에서 하나님께 호소할 때에, 하나님! 내가 정말 이거 마귀한테 홀렸습니까? 내가 이단이 됐습니까? 내가 뭐 이단한테 홀렸다면 나 이거 살아 뭘 합니까? 벼락을 때려 달라고 고함을 지르며 기도하는데, 그때에 또 다시 내게다 음성이 들려옵니다.

하늘에서 말하기를, 내가 여호와다! 내가 여호와인데, 내가 네게다 새 힘을 주겠으니, 네게다 말씀을 줄 것이니, 너는 이제 새 힘 받고 말씀 받고 내려가서 너는 내 일을 해라. 내가 여호와다. 그래 가지고 정말 그때 새 힘을 받았는데요. 그것이 바로 새 힘 받고, 또 입에 말씀 받고, 그 다음엔 얼마든지 책자가 쓸어나오니, 그러니 나는 볼 때 나는 내가 신을 받았는데 분명히 여호와의 신입니다. 나를 보고 이단이라고, 마귀라고 그러지마는 내가 마귀가 아니오, 괜히!

그때 하나님이 그래요. 하여튼, 계룡산 이 수도원 역사를 반대하는 놈은 몽땅 죽여 버리겠다. 하나님이 그래요. 심판한다 그래요. 첫 번에는 흑암을 넣어주고 잠든 영을 부어주고, 그 담에 가선 쳐 없이 한다는 거야. 너 암만 누가 뭐래도 가만히 있어라. 원수는 다 내가 처리할 테니까 너는 시작하라는 거요. 그러니 이거 뭐! (선지서 강해1, 156쪽~)

● 공사 중 쓰러져, 바울이 가지고 온 생수 한 병 마시다

- 수도원 짓다가 내가 정말 쓰러졌는데 말이요. 분명히 이건 바울이가, 바울이란 양반이 나타나서, 내가 죽었는데, 아주 죽진 않았지요. 흰 옷 입은 양반이 나타나더니 죽죽죽죽 내 옆으로 와요. "누구요?"
"내가 바울이요.
"바울이야요? 왜 오셨나요?
"아니, 성전 짓다가 쓰러져서 일어나지를 못하니 내가 생수 한병 가지고 내려 왔으니 이걸 먹고서 일어나서 말세종을 잘 가르쳐 달라" 그래요.
말세종을 몽땅 가르치라 그래요. 내가 이걸 주니까 먹고서 말이요. 자,

그러면 바울 사도가 못 가르친 것 나보고 가르치라는 거야. 위임 받지 않았소? 그렇지요? 말세종을 배워주라는 거, 나보고. 그러면서 정말 그 생수 한 병을 내 입에다 기울여 주는데, 아니 그 병도 커요. 맑은데 이만한데 다 먹었단 말이요. 다 먹고나니 번쩍 눈을 뜨니까 내가 그만 기절해 쓰러졌댔는데 이렇게 됐단 말이요. 그때부터 내 몸이 이렇게 탄탄해져 가지고서 까딱없이 지금 해 나오지 않습니까?

  그러면 바울 사도가 분명히 말세종을 가르쳐 달라고 부탁하면서 쓰러져 있는 사람에게 생수 한 병을 갖다 먹이더라 그말이야. 그럼 바울이가 못다 배워준 것 내가 배워줘야지요? 예? 여러분들, 바울 사도가 이 사야서 못다 풀은 것 내가 풀 줄 믿습니까? 그럼 완전한 것이 왔지요? 죽어 천당이 완전이요? 살아 새 시대가 완전이요? 그래서 이게 그말이야요. 나는 부분적으로 아나 앞으로 그때가 되면 완전한 것을 알리라. 그래서 오늘의 기독교는 완전히 알아야 돼요. 부분적으로 알아가지고서 기독교가 교회 구실합니까? 예? (설교 메모집5, 236쪽~)

22.　40일 금식 기도 (1965.1.2)

 - 일곱 별의 광선을 성산에 비추고 국가와 민족을 위하여 기도하라는 명령이 하나님께로 부터 왔다. 9장 성가를 주시면서 강권으로 40일 금식을 명령하였다. 그때부터 7년간 600명이 넘는 40일 금식자가 쏟아져 나왔다.

- 새일성가 9장 가사

1. 하나님의 크신뜻이 오늘여기 나타나서
   세계민족 구원하는 크신역사 이뤄지기
2. 하나님의 크신비밀 이땅위에 나타나서
   잠든영혼 깨우치어 말세복음 전파되기
3. 하나님의 크신축복 이장막에 나리시어
   이민족을 환란에서 살려주는 역사되기
4. 하나님의 크신보호 이나라에 임하시어
   모든예언 이뤄지어 안식세계 이뤄지기

후렴: 바라고 원하는 나의기도 나의간구
　　　주님께서 들으시사 강권역사 나리시어
　　　크고도 강하게 역사하심 바랍니다

23. '새일수도원' 헌당식 (1965.5.15, 음4.15)

－1965년 5월 15일은 우리「새일수도원」이 탄생된 날입니다. 언제나 이날을 기억하고 영광을 하나님께 돌립니다. 5월은 예루살렘 다락방에 성신이 강림할 때에 주님이 구름 타고 승천하고 성신 강림하므로 세계 인류가 새로운 중생의 역사를 받기 시작한 달입니다. 푸른 순이 청청하게 빛을 내는 달이기도 합니다. 우리나라는 5월에 5·16혁명이야말로 역사적으로 한 페이지를 이룬 날이 되었습니다.

언제나 5월을 맞이할 때에 「새일수도원」을 창립하던 그날을 생각하면 눈물겨운 사정도 많이 있고, 할렐루야 찬송을 부를 일도 많이 있습니다. 이 사람이 단돈 2천 원을 가지고 1964년 9월 24일에 「새일수도원」을 시작하며 8개월간 뼈저린 노동을 한 일은 조금도 잊을 수 없는 노동이라고 봅니다.

5월 15일에 준공을 하고 하나님께 바친 「새일수도원」은 나날이 번창하여 새로이 선 교회가 73처에 달하는 금일에 계속으로 일 년 열두 달 한 번도 쉬는 달이 없이 계속 수도를 진행하는 중 350명의 수도생이 40일 금식 기도를 한 것은 우리 수도원의 앞으로 큰 역사가 일어날 산 제사가 된 것입니다.

이 사람은 단 하루를 금식하기를 어려워하는 사람인데 수많은 청년 남녀종들이 와서 찬 바위를 부둥켜안고 몸부림치면서 40일을 먹지 않고 이 사업을 위하여 기도해 준 것은 하나님께서 친히 갚아줄 일이라고 봅니다. 한 사람이 40일 금식을 하는 것도 역사적으로 드문 일인데 350명이나 40일씩 금식을 했다는 것은 너무나 수도원 사명이 크기 때문에 앞으로 멸공진리 운동으로 새 시대를 이루기 위한 하나님의 섭리 속에서 시키신 일이라고 믿습니다. 지금에 와서는 단 일주일 금식도 하기가 어려운 것을 본다면 그때에 된 일은 하나님의 강권 역사라고 아니 할 수 없습니다.

「새일수도원」이 1965년 5월 15일에 창립된 것이 한국 교회를 망치는 일이 아니요, 살리는 일이라는 것을 이제부터 알게 될 것이며, 이 민족에게 얼마나 필요한 기관인 것을 이제부터 알게 될 것이며, 온 세계가 「새일수도원」이 자기네에게 얼마나 필요한 기관인 것을 알게 될 것입니다. 지금 알지 못하는 사람들이 「새일수도원」이 자기의 교파에 원수같이 알지만 실지는 원수가 아니고 은인이 될 것입니다. 지금 이 시대에 와서 「새일수도원」 같은 기관이 있다는 것은 교회적으로나 민족적으로나 큰 축복이 되는 기관이라는 것을 금년부터 알게 될 것입니다. '새 일'이라는 것은 사43:14이하를 보면 북방 세력이 망하고 새로운 시대가 이 땅에 오는 것을 '새 일'이라고 하였습니다. 북방에 보수적인 침략 정책이 몇 만리의 넓은 대륙을 다 점령하고 삼천리금수강산 남쪽 천리 길이를 내어놓고 다 먹은 금일에 1964년 9월 24일 하늘로서 벼락불이 내리며 불 속에서 음성이 들려오기를 「새일수도원」을 금일부터 시작하라는 명령이 내렸습니다. 이 사람은 너무 무서워서 그날 짓기로 작정하고 단돈 2천 원을 놓고 울던 생각은 어제 같은데 벌써 7년이 되었습니다. 7년이라는 기간에 억울한 일도 너무나 많았지만 내가 받은 축복이라는 것은 기독교 역사상 그 누가 받지 못한 축복을 내가 받았습니다. 나는 그때에 무서워 시작은 하면서도 이것이 무엇인지를 몰랐습니다.

모든 사람은 그때에 나를 계룡산 마귀에게 홀렸다고 하였지만 이제와 보니 홀린 것이 아니고 영계적으로나 진리적으로나 사상적으로나 혁신적으로 발전을 가져오기 시작한 달이 5월인 줄 압니다. 나는 「새일수도원」을 하지 않았다면 영적 방면으로나 육적 방면으로 이런 축복을 받을 수가 없었을 것입니다. 이 축복을 받은 사람으로서 매일같이 말씀을 하나님께 받아 기록하게 된 것은 여러 사명 동지에게 큰 축복이 되어 열매가 될 것을 믿습니다. (특집편, 149쪽~)

● 반석 위에 세계 통일 기호 세우다

　- 세계적인 복음 전파가 된 후에 십자가를 믿는 성도들이 하나가 되므로 거룩한 나라가 이루어지는 데 있어서는 성도들의 기호는 십자가가 될 것이다.

　나는 이 기호에 대하여 서슴지 않고 간증을 한다. 지금으로부터 7년 전인 1965년 5월 15일 성산에 기호를 세우게 되었는데, 이것은 하나님께서 지시하시므로 하게 된 것이다. 하나님께서 당신이 수도원 정문 앞에 있는 큰 반석에 기호를 꽂을 자리를 준비해 두었으니, 그 곳을 찾아 기호를 꽂되 푸른 깃발에 은빛 십자가를 새겨서 달라는 것이었다. 그러므로 반석 위에 올라가서 하나님께서 알려 주신 대로 기호를 꽂을 만한 자리가 있는 곳을 찾아보았다. 그런데 이상하게도 네모가 난 좁은 구멍이 약 석자 정도 뚫려 있는 것이었다. 그래서 나는 그 구멍의 흙을 파내기 위하여 쇠를 두드려서 긁어낼 수 있도록 만들었다. 흙을 파낸 후에 쇠로 만든 깃대를 튼튼히 꽂아 세우게 되었다. 그 때에 하나님께서 알려 주시기를 "이 깃발 아래에서 역사가 일어나므로 열방을 깨우치리라"하시는 것이었다.

　그 때에는 이것이 무엇인가 하고 이해를 못했는데, 7년이 지난 오늘에 와서 보니 분명히 세계 통일의 기호인 것이다. 왜냐하면 현재 되어지는 일이 분명히 세계로 진출되고 있기 때문이다. 어떤 사람이 말하는 것에 의하면 「새일수도원」에서 나타난 말씀은 옳은데 기호가 이단이라고 한다. 그러나 이것은 어리석은 사람들이 하는 말이다. 반드시 세계 통일의 기호가 서게 되므로 기독교 통일의 역사가 온다는 것은 본 성경이 증거하고 있는 것이다. (장년 공과편, 346쪽~)

- 기호에 대하여 다음과 같이 증거한다. 지금으로부터 7년 전(1964년)에 어떤 산상에서 3일간 철야 기도를 하였던 일이 있었다. 그런데 기도 중에 십자가의 기호가 내 눈앞에서 날리는데 푸른 깃발에 은빛 십자가의 기호였다. 이것이 무엇인가 하고 기도할 때에 알려오기를 북방 세력이 저 깃발 앞에서 망한다고 하면서 다음과 같은 노래를 주셨다. 이 노래를 한 절만 소개하자면 다음과 같다.

"환란의 고통을 막을 자 누구뇨 모든 것 완전한 주 예수뿐일세 완전한 승리를 이룬 권세는 주 예수뿐일세" 하는 노래를 주시면서 너는 북방을 무서워하지 말라. 이제 북방을 이기는 일은 인간의 정권이 아니요 주 예수뿐이라고 하시었다. 이러한 일이 있은 후에 십자가의 기호를 반석 위에 꽂고 「새일수도원」을 시작하게 된 것이다. (설교편2, 100쪽)

- 이날까지 세계 통일의 기호가 있었던 일은 없었다. 오늘날 소위 붉은 깃발이라는 것은 낫과 망치를 그려 놓았다. 그러나 이것은 너무나 무식한 사람들의 깃발이다. 낫을 든 농민과 망치를 든 노동자가 세계를 통일한다는 것이 무신론 공산당의 기호인데 반드시 망할 것은 사실이다. 사람이 자기의 노동만 제일로 알고 그 이상의 것을 모른다면 소와 같은 생활을 하는 자라고 볼 수 있다.

그러므로 세계 통일의 기호는 반드시 십자가의 기호가 될 것이다. 십자가는 서방의 한 일자(1)와 동방의 한 일자(一)가 합해서 십자가이다. 십자가라는 것은 세계 인류를 대표하여 대승리를 이룬 십자가이니 십자가로 말미암아 하늘에서도 기뻐하고 땅에서도 기뻐할 일이다.

낫과 망치를 들고 일어나서 남을 죽이고 피의 도성을 이루는 것이 소위 공산 국가라면 세계 인류의 죄를 대신하여 십자가에서 죽은 승리로 이루어진 나라는 사랑의 동산이다. 이 사랑이라는 것은 인간이 인간을 사랑하는 것이 아니요, 조물주께서 인간을 사랑해서 역사하는 사랑이니 낫과 망치를 든 사람들의 역사와 하나님의 역사는 감히 비교할 수가 없다.

그러므로 십자가의 기호는 붉은 깃발을 꺾어 넘기고 세계를 통일하는 기호가 된다는 것을 분명히 알아야 한다. 이새의 뿌리에서 한 싹이 나서 기호가 된다는 것은 그리스도를 통하여 세계 통일의 기호가 서는 평화 왕국이 올 것을 가르친 것이다. 본 성경은 어느 나라든지 십자가 기호를 중심하여 모여든 무리들이 남은 자가 되어 새 시대를 이룰 것을 가르쳤다. 그러므로 십자가 기호로 세계 통일이 온다는 것을 아는 지식이 있어야만 남은 자가 될 것이다.(설교편2, 56쪽~)

- 깃발 규격: 세로 4자, 가로 2자
  십자가 규격: 세로 2자, 가로 1자
  폭: 깃발 폭의 10분의 1

- 새일성가 11장 가사
1. 환란의 고통을 막을자 누구뇨 모든것 완전한 주예수 뿐일세
   완전한 승리를 이루운 권세는 주예수 뿐일세
2. 하늘의 형체가 이루어 지는것 하나님 완전한 그사랑 뿐일세
   하늘의 정한뜻 이땅에 이룬것 주예수 뿐일세
3. 크고도 강하고 강하고 큰것은 십자가 승리로 이룬것 뿐일세

적마의 삼세력 완전히 멸함은 주예수 뿐일세
4. 　완전한 안식의 그나라 들어가 개가를 부를것 주예수 뿐일세
　　　크고도 영원한 왕권을 누릴것 주예수 뿐일세
후렴: 주예수 뿐일세 주예수 뿐일세 만왕의 왕이신 주예수 뿐일세
　　　완전한 승리의 개가를 부를것 주예수 뿐일세

● 제1회 수도회 시작하다 (1965.6)

-「새일수도원」은 이 시대의 경고를 할 사명자를 양성하는 기관이라고 보게 된다. 마귀 흑암이 오는 이때에는 누구나 다 각자가 그 흑암을 물리칠 수 있는 말씀의 무장이 있어야 한다.

그러므로 이러한 때를 당하여 하나님께서 강권으로 말씀 무장할 수 있는 기관을 세웠으니 이것은 사람의 무엇으로 선 것이 아니고, 하나님께서 강권으로 불 가운데서 명령하여「새일수도원」이 이루어진 것이다.

그러나 정식 학과 책이 없고 임시 대지 책을 기도 중에 영감으로 기록하여 수도를 진행하였다. 1965년도 깃발 달 때, 12별이 이마에 부딪히며 성경 각 장의 원리가 나왔다. 말씀 내려보낸다는 말씀이 이것인가 생각하였다.

24.　뢰자 사명 알려 오다 (1965.8.1)

- 하나님은 종말적인 심판의 비밀을 동방 땅 끝 이 나라의, 가장 역사

적인 악비 장군의 후손인 피의 계통인 갓 지파 계통의 열매로써 이뢰자에게 준 것이니 이것은 야곱의 예언이 응하는 일이다.

하나님은 갓 지파 후손 중에서 동방 땅 끝에서 바벨을 치는 군대를 일으킨다는 목적에서 여호와의 산을 이뢰자에게 맡겼고, 천상천하의 권세를 맡겼으니 대통령은 이뢰자를 떠나서는 아무런 일도 할 수 없다는 것을 알아야 할 것이다.

이 나라의 국가 운명은 이뢰자에게 달려 있는 것이니 앞으로 이뢰자 입에 나타나는 말씀으로 신정적인 권리 행사를 하게 되므로 세계 열왕을 굴복시키는 빛나는 나라가 될 것이다.

하나님의 말씀을 다음과 같이 알라.

이사야11장 1절의 한 가지도, 41장의 동방의 한 사람도 다 이뢰자를 가리켜 예언한 것이다. 이뢰자는 하늘에 속한 신창조를 받은 사람으로서 권리 행사를 행할 수 있는 인격을 이루기 위하여 붉은 용과 큰 싸움을 시켜 완전 승리를 이룬 것이니, 붉은 용의 앞잡이 짐승의 정치와 거짓선지의 교권은 이뢰자 앞에서 쇠뭉치 앞에 질그릇같이 부숴질 것이다. 왜냐하면 큰 용을 이긴 사람이니 그 부하는 그 권세 앞에 나설 수 없을 것이다.

하나님은 이런 큰 종을 홀로 세울 수 없어서 하나님이 일체적인 역사를 할 종들을 영체 결합으로 이룬 것이니 하늘에서 한 사람으로 인정하고 권리 행사를 행할 것이니 누구든지 이 모략의 비밀을 알 자는 인간으로서는 없는 것이다. 하나님은, 시대적인 신의 사람이니만큼 특권 형체를 주는 동시에 특권 행사를 진행할 때에 인간의 정치의 세력이나 교권의 세력이 그 말씀 앞에서 굴복을 당하게 될 것이다.

25. '엘리 제단' 기공 (1967.6.29)

● 여호와의 이름을 처음 부르다

- 여호와의 이름을 부르는 역사의 시발점이란 뜻으로 제단을 쌓았다. 여호와를 부르는 일이 하늘로부터 완전히 시작된 자리다. 여호와의 이름을 부르고 대적을 짓밟고 나가는 역사가 내리기 시작된 자리이므로 제단 건축을 명령하셨다.

- 권리행사 줍소서(곡과 가사) 알려오다 (새일성가 47장)
완전하게 역사하는 여호와여 오셔서
강권역사 행함으로 권리행사 줍소서
완전하게 역사하는 주님예수 오셔서
강권역사 행함으로 권리행사 줍소서

- 47장 성가는 엘리 제단에서 꿈을 꾸면서 막힌 강물이 산더미같이 내려가 서쪽 강물을 칠 때 깜짝 놀라 '완전하게 역사하는 여호와여 오셔서 강권역사 행하므로 권리행사 줍소서.'
사41:25이 이것이라고 하면서 부르짖으라고 했다. 때가 되면 성전 안에 꽉 차게 내려 부어주신다. 새일수도원에 나타난 역사로 서방에도 증거하게 되므로 여호와를 두려워하게 된다는 것이 사59:19이다.

- 산 위에서 내려온 자리가 있다고 하시면서 기도하라고 말씀이 왔다. 여호와를 앙망하라. 별세계를 보라. 하나님 제단 지으라고 명령이

왔다. 아래 제단(수도원)은 종들이 나오는 곳이고 여기(엘리 제단)는 특별 사명자가 기도하는 곳이다.

성모 마리아의 기도 응답이 나리는 이곳은 순교자의 원한을 풀어주는 대 사명자의 기도하는 곳이다.

목사님 기도 중 꿈에 되어진 일, 강이 터지는 일과 호소 기도(권리 행사 줍소서)를 받았다. 강권 역사의 영력을 내릴 테니 이것을 부르라고 했다. 막힌 강물이 터지듯이, 급히 흐르는 하수같이 강하게 일어날 것이다.

여호와의 이름을 부른다는 것은 사41:25~26, 앞으로 때가 되면 여호와 오셔서 강권역사 행하신다. 무엇 달라고 하면 즉발 임하는 곳이다.

- ● 순교자 기도 응답이 오다 (1967.7.1)
- – 순교자의 기도 응답이 임하다

제6장

성산에서 쫓겨나다

일곱 가지 인정

권세 위임식과 예수님 기도

권세 새 힘

서울로 가게 되다

입에 말씀이 임하다

'말씀의 칼' 출판

교회 집회 인도 후 성산에 복귀

26. 성산에서 쫓겨나다 (1967.7.6)

- 내가 맘먹기를, 난 무식하고 그러니 그저 난 그저 계룡산에서 말씀이나 가르치고 제발 수도생들이 나가서 내 대신 해 다오. 또 수도생들한테 숱해 밟혔습니다. 원 그렇게 밟히다니요. 기껏 배워주고 제자한테 실컷 밟혔지요. 그런 가운데 사람 꼴 되겠습니까? 예? 그러니 사람 꼴이 돼요?

그러나 우리 하나님은 나를 밟질 않아요. 자꾸 올려놔요. 정통한테 밟혀도 올려놓지, 빈민들한테 밟혀도 올려놓지, 학자한테 밟혀도 올려놓지, 교권주의한테 밟혀도 올려놓지, 영계 있다는 자한테 밟혀도 올려놓지, 애국자한테 밟혀도 올려놓지, 제자한테 밟혀도 올려놓지, 올라오다 보니까 여기까지 올라왔수다. (설교 메모집5, 89쪽~)

- 이뢰자 목사에게 말씀을 배운 제자들중의 몇사람의 중상모략으로 인해 성산에서 쫓겨나다. 엘리제단 자리에다 천막 치고 기도하다. 이때 선지서 원리를 이들에게 빼앗겨 없어지게 되었다.

27. '엘리 제단' 헌당식 (1967.7.21)

- 엘리 제단가 (새일성가 18장곡)
동방영광 나타나서 흑암속에 잠든영혼 깨우치러 나가도다

아름답다 전할소식을 온세상에 전파하러 엘리제단 떠나가네
온세상에 흑암잠긴 금일에할일 합심하여 일어나면 승리할자 많으리

28. 일곱 가지 인정 받다 (1967.7월 하순경)

- 천지 창조 후 일곱 가지를 하나님께 처음으로 인정을 받는 일로 하늘에서 결재가 나다.
1. 심지 견고   2. 정직하다   3. 겸손   4. 순종   5. 설교
6. 성금   4. 기도의 분량

29. 권세 위임식과 예수님 기도 (1967.7.28, 영광의 굴에서)

- 주님께서 영광의 클럽에 옹위되어 영광의 굴에 임하시어 권세를 주시다.(계11:3)

1) 하나님 아버지여! 이 아들을 권세의 종으로 만국을 판단할 수 있고 악마를 치고 나갈 수 있는 뢰자적인 축복을 주시옵소서.
2) 하나님 아버지여! 7가지 인정하신 일은 천지창조 후에 없었던 일이

오니 '새 일'을 행하시옵소서.

3) 하나님 아버지여! 동방의 인의 권세의 사람일진대 계시록 11장과 같이 역사를 나타내시옵소서.

4) 하나님 아버지여! 하나님께서 모태로부터 택하신 아들이오니, 정직하고 심지가 견고한 아들이오니 심판권을 그 입을 통하여 나타내시옵소서.

5) 하나님 아버지여! 동방 땅 끝 성산을 그 아들에게 맡겼으니 잡것이 들어오지 못하도록 성산에 축복을 하시옵소서.

6) 하나님 아버지여! 이뢰자는 사도 요한의 대행자로서 성모 마리아의 영적 기도와 천천만 성도의 원한을 그 아들을 통하여 이루어 주시옵소서.

7) 하나님 아버지여! 성신의 영체의 사람으로서 마귀와 싸웠으니 권세로 마귀를 치고 나갈 수 있게 하옵소서.

아버지여, 개 같은 마귀가 발꿈치를 물고 있으니 철장으로 치소서. 하나님의 영광이 동방에 나타났으니 동방에서 하나님을 영화롭게 하는 역사를 나타냅소서. 하나님 아버지여, 이 아들에게 심판권을 주실진대 속히 진행하시고 영적 포로를 해방시켜 주시옵소서.

하나님 아버지여, 영광 중에 기도를 받으시고 영광의 클럽이 있게 하옵소서. 하나님 아버지여, 중보자의 기도를 들으셨으니 하늘과 땅의 권세를 진행하옵소서.

30. 권세 새 힘

● 비밀굴로 끌려가 갇히다 (1967. 8. 10일경)

– 원통하고 딱한 사정을 만나 하나님 바라보다가 새 힘을 받게 된 비밀굴로 제자들에 의해 끌려가 갇히게 되었다.

● '권세 새 힘'을 받다 (1967. 8. 15 15:00, 사40:27~31)

– 사람이 기운이 진하여지면서 그 몸이 흙으로 돌아가는 죽음을 가지게 된 것은 하나님의 말씀을 지키지 못한 죄 값으로 온 것이다.

그러나 새 힘을 받은 야곱이라는 것은 아무리 원통하고 딱한 사정을 만났다 하더라도 하나님만 바라보고 나가는 사람에게 하나님께서 인정을 하시고 새 힘을 주셨다. 그러므로 새 힘을 받은 야곱은 기운이 진하여 흙으로 돌아가는 몸이 되지 않고, 피곤이 없고, 쓰러지지 않는 몸으로 완전 승리를 이루어 지상 왕국을 이루는 열매를 맺는 사람이 되는 것이다.

오늘날 우리 기독교는 새 힘을 받는 야곱이 되는 인격으로 들어가야만 할 때가 왔다고 본다. 나는 여기에서 부득불 간증을 할 수밖에 없다. 왜냐하면 새 힘이라는 것은 체험한 자 외에는 무엇인지 알 수가 없기 때문이다. 나도 과거에는 새 힘이라는 것을 열심이 나는 정도로 알았던 것이다.

그러나 지금으로부터 4년 전(1967)에 하나님께로부터 새 힘을 받으라는 명령이 내리는 것이었다. 그러므로 나는 어떻게 하여야 새 힘을 받게 되느냐 하는 것을 생각하지 않을 수 없었다. 그때에 하나님께서 "너는 아무리 원통한 일을 당하고 딱한 사정을 만난다 해도 천지를 창조한 여호와만 바라보라, 그러면 새 힘을 받으리라"하시는 것이었다. 그때부터 나는 조물주 하나님만 바라보는 묵상을 하기 시작하였다.

1967년 8월 15일 오후 3시에 새 힘이 내리는 것을 체험하게 되었다. 그런데 이상하게도 이 새 힘이 몸에 부딪히는 대로 변화가 생기는 것이었다. 4년 동안이나 계속해서 새 힘을 받고 볼 때에 몸이 완전히 변해진 증거가 확실하며, 밤낮으로 쉬지 않고 일하여도 힘들지 않고, 영양이 많이 있는 음식을 먹지 않아도 점점 더 강건해지는 것을 현저히 체험하고 있다. 심지어 육류나 생선이나 우유나 계란까지도 사용치 않고, 밥 한 숟갈 정도와 채소와 과일을 먹을 때에 몸은 명랑해지고 상쾌해지는 것이다.

그러므로 매일 10시간씩 강단에 서게 되고, 남은 시간은 아름다운 소식의 월간지를 쓰고, 주일은 서울「새일중앙교회」에서 목회를 하고, 매달 마지막 일 주일은 집회를 나가고 있는데도 조금이라도 피곤을 모르고 있다. 이와 같은 것을 체험하게 된 나는 새 힘이 무엇이라는 것을 확실히 증거할 수 있다.

그러므로 이 새 힘이라는 것은 기독교 종말의 오메가 역사라고 본다. 이 새 힘을 받기까지 나가는 과정은 다음과 같다.

첫째: 중심 성결이 되는 일이요,

둘째: 말씀이 완전히 밝아지는 일이다.

아무리 억울한 일을 당해도 하나님을 바라보게 될 때에 새 힘을 받는 단계가 있는 것이다. 그러므로 변화성도의 인격이라는 것은 새 힘을 받음으로만 이루어지게 된다는 것이 사실이다. 기운이 진해진 야곱은 그 몸이 흙으로 돌아갔고, 새 힘을 받은 야곱은 지상에서 야곱의 왕국을 이루는 일에 완전한 승리를 보게 될 것이다. (설교편1, 126쪽~)

　- 말세에. 이건 옛날 야곱이 아니요, 야곱의 축복, 지상 축복 받는 사람인데 그렇게도 딱한 사정을 만났고 원통한 일을 만났다는 것입니다. 하나님만이 알아줄 사정이요, 하나님만 알아줄 원통한 일이라, 그 말이요. 그 원통한 일을 당한 딱한 사정을 만났는데 거기에서 하나님이 나타나서 "야! 너 낙심하지 마라. 나는 피곤치 않는 하나님인데 내가 새 힘 주마 말이야. 날 바라봐라. 새 힘 받으리라." 새 힘을 준다는 것을 하나님께서 말씀했단 말이요. 여호와를 바라보면 새 힘을 받고 절대 피곤이 없다, 그렇게 말했습니다.
　내가 과거에 이것을 영적으로 봤거든요. 영적으로 그렇다, 이렇게 봤습니다. 높은 산도 영적으로 봤습니다, 그전에. 수도원을 하면서도 제가 영적으로 말했단 말이요, 새 힘 받기 전에는요. 그런데 이 산에 올라와서 기도할 때에 비밀굴이란 굴이 있습니다.
　그 굴에 가서 기도할 때에 하나님께서 말씀하기를 "너 이제 새 힘을 받아라. 8월 15일, 새 힘을 내릴 테니까, 너 새 힘을 받되 새 힘 받으려면 날 바라봐라. 내가 조물주 하나님이다. 이 천지를 누가 창조했느냐? 이 산에 나타난, 그 불 가운데 나타난 그가, 즉 내가 여호와다 말이야. 여호와의 신인데, 너는 나를 바라봐라." 그 때부터는 딱 기도하면 하나님과 직접 통해 버려요.
　참 이상하단 말이야. 그전에 기도하면 십자가 생각이 났는데, 그 후로는 딱 이럭하면 묵상이 꼭 절대 하나님과 교통이 되지, 십자가를 바라보는 묵상이라는 것은 그전처럼 안 되고, 그전엔 묵상하면 십자가를 바라보는 그 마음에서부터 주여! 예수여! 주여! 오, 주여! 이렇게 했는데 그때부터 "날 바라봐라, 날 바라봐라! 인제 너는 새 힘을 받고, 은사 단계에서 새 힘 받는 단계에 들어가니, 은사는 하지 마라. 방언도 하지 말고, 예언도 하지 말고, 다 그만두라"는 거요. 그래 생수를 싹 거둬 가요. 십 년간 생수를 받고 앉아 기도하던 사람이 생수를 딱 끊는데, 팍 쓰러지겠어요. 꼼짝을 못하겠어요. 생수가 안 오니까. 밤새도록 애써도 생수가 안 내려요. 그저 도무지 걷잡을 수가 없어요. 안 돼요.

그래서 생수는 은사고, 새 힘은 권세다. 그러더니 한 대엿새 동안 생수가 안 내려요. 제가 빈민굴에서부터 기도할 때에 내리던 생수를 걷어가더니 안 내려요. 그러더니 1967년 8월 15일 오후 3시에 새 힘이 싹- 내려온단 말이야. 몸에 새 힘이 막 들어오니, 그거라야 이 몸이 완전하게 되더라 그 말이에요. 들어오면 와싹와싹 달라지는데 말이요. 이 새 힘이 척 내려오는데 이 몸이 그저 즉발 달라져요. 닿는 대로 감각이 다른데 어떡합니까? 그래서 이게 새 힘인데, 이거 새 힘 똑똑히 봐라 말이야. 저, 생수를 새 힘으로 봤거든요. 그게 아니란 말이요.

그리고 "너 이 높은 산이란 걸 영적으로 봤느냐? 이게 직접 이 산이다 말이야. 유대 광야가 직접 광야라면 이게 산이 아니냐? 이 산이 즉 그 산이다." 그래요. "높은 산에 올라와서 새 힘 받고 내려가서 역사한다, 그러지 않았느냐? 그러니까 이 새 힘 받아 내려가면 네가 인제부터 말세 종이 되리라." 새 힘 받기 전의 사람은 말세 종이 아니라는 거요. 제가 새 힘을 받고 그 다음에는 입술에 말씀이 임해 가지고서 그때부터 다 바로 되더란 말이에요. 알겠습니까?

그래 새 힘 줄 적에, "너 새 힘은 손끝 발끝까지 꽉 차면 그때부터 완전한 역사를 이루리라." 그래서 손에서 발끝까지 꽉 채워달라고 암만 기도해도 가슴에 들어오고 배 밑까진 딱 들어왔는데 손과 발에 새 힘이 안 옵니다. 암만해도 안 돼요. 손과 발끝까지 꽉 차야만 된다는데 왜 이렇게 안 되노?

새 힘 내린 지 1년이 되니까 손과 발끝까지 싹 새 힘이 다 차요. 아주 꽉 차 버려요. 그랬더니 여기다 날 딱 세우더니, "야! 인제는 너는 책을 받아써라." 그래요. "학과 받아써라." 그러더니 입술에 말씀이 내리는데 이 책이 나오지 않습니까? 강단에서요. 죽 나오더니 그 댐엔 제게 그래요. "너는 이것을 가지고서 꼭 이것을 읽으면서 너는 강의를 시키라는 거요." 그런데 그담에는 그걸 딱 가지고서 읽으면, 안 됩니다, 도무지 되지를 않아요. 그전에 하던 버르장이가 있거든요. 이북 사투리로 막 하던 버르장이가 있는데 그게 안 된단 말이에요. 안 돼요.

이걸 가르쳐 봐도 말이 나오질 않아요. 무슨 말인지 도무지 강의책, 계시록 가지고 턱 가르치려고 하는데 이게 잘 안 돼요.

'69년 3월에, 그렇게 영력을 싹 걷지 않습니까? 어찔하더니 영력을 싹 걷어요. 그러더니 4시간 만에 영감이 다시 내려왔는데 그때 입이 따르릉 열리게 되더란 말이에요. 은사 영계는 싹 거둬가고 영감이 바뀌어요.

그때부터는 절대 무슨 시시한 지시가 못 옵니다. 그전엔 그저 뚱딴지 같은 시시한 지시가 많이 와서 그놈 땜에 애 먹었거든. 그런데 그 영감이 오니깐 침투하지 못하더란 말이요. 그때부터는 딱 그저 입에서 변론이 다르릉~ 열려요.

절대 나는 지금 밤새도록 기도해야 시시한 게 알려오는 게 없습니다.

꼭 확실하게 물어보면, 합당치 않은 것은 답을 안 해요, 합당한 것은 몇 마디 답이 딱 있어요. 답이 딱 나와 버려요. 그전엔 밤새도록 기도하면 어느 정도 깊이 들어간 것 같으면 기어코 거기엔 딱 무슨 지시가 내려 오거든. 그럼 가만히 보니까 맞지를 않아요.

 내 그래서 그때부터 내가 말하기를 절대 은사 치중하지 말라고, 방언도 마귀가 얼마든지 들어오고 예언도 들어오니… 그러면 듣기 싫다 그럽니다. 그들이, 저를 친다고! 치는 거야? 진보 하자는 거지. 듣고 있던 양반이 아, 친다고 그러면서 자기는 따로 나가 교회 세운다고. 아, 맘대로 하라구. 나는 치는 게 아니야! 거기서 미혹이 오니까. 그분들의 지시가 그게 맞습니까? 안 맞는데 어떻게 합니까? 내가 그러면 지시 받고 이렇게 하면 교단이 됩니까? 안 되는데 어떻게 합니까? 성경에 안 맞는 게 있는데 어째서 그걸 갖다가, 은사에서는 미혹이 오는데 어떻게 합니까? 완전히 다른데, 왕권이 아닌데, 시민권이 은사지요? 은사거든요.

 그래 왕권이 새 힘이 된다는데, 그러니 나는 진보하자는 거야. 그래 내 말하니까 지내보니 그렇더란 말이요. 우리를 친다고 그러더니 그 사람들이 혼선되지 않습니까? 그 안 돼요. 진보하자는 거야. 뭐, 방언 통역도 마귀가 오고, 예언도 마귀가 오고, 그게 와요. 그렇게 됩니다. 자, 지금 예언하다 실패하는 사람이 많이 있소, 없소? 성경에 맞지 않는데 어떡합니까?

 그래서 나는 말하기를 내가 생수를 걷고 새 힘이 오고, 영감을 걷고 다른 영감이 오고 나니까, 그때부터 몸도 완전해지고, 영감도 완전해지고, 영감도 조금도 여기 흐릿한 것이 뭣이 없어요. 그러니까 완전한 영감이 오고, 이 새 힘이 오고 나니까 그때부터 성경이 완전히 변론이 서고 이렇게 되더란 말이요. 그러니까 내가 말하는 건 영혼이 천당 갈 때의 그 은사 정도 가지고는 절대 변화성도가 못 되는 거예요. 가서 달리해 보라고, 되나 안 되나. 안 된단 말이에요. 영계 못 올라가는 거요.

그러게 중학교에서 대학교로 올라가야지요? 그렇지 않습니까? 그러니까 아름다운 소식 전하려면요, 은사 가지고는 절대로 안 됩니다. 여러분 앞으로 새 힘 받아야 돼요, 새 힘. 그래야 변론이 나오는 거요. 그런데 새 힘을 아직 못 받은 양반들이 나가서 역사하려고 하니까 역사가 없는 거예요.

그래서 이 새 힘이라는 것은 저는 그래요, 제가 계룡산 수도원에 여기 산에 왔다가, 하나님께서 천불을 내려놓은 불 가운데 앉혀 놓고서, 하나님 명령해서 수도원 지었는데, 이걸 마귀라고 자꾸만 치니 참 원통해요. 원통치 않아요? 예? 원통한 일이죠? 딱한 일 아닙니까? 계룡산 마귀 받았다고.

그러나 하나님께서 내게 새 힘을 줄 적에, 내가 여호와다 말이야, 내가 네게 말씀을 줄 테니. 그래서 저는 새 힘 받아 가지고 영감 받고 나서부터 제가 말세 종이 된 거예요. 그렇게 해 가지고「여호와 새일교단」이 점점 번창하는 겁니다. 그전의 것은 얼마든지 마귀 혼선이 들어왔다는 것을 말하는 거요. 그겁니다. 뭐 별 지시가 다 들어오는 거요. 그러나 절대에 그 지시를 실행하지 말라, 그거예요.

은혜시대의 종이 아름다운 소식을 전할 종으로 사명이 바뀔 때는 마귀를 놔줘 가지고 얼마든지 미혹할 수 있는 길을 열어 줘 보내는 거요, 알아요? 틀림없습니다. 그래서 영혼 구원은 죄사함 받으므로, 아름다운 소식은 새 힘을 받으므로 마귀 미혹을 물리쳐야 된다 그 말이에요.

새 힘 받으므로. 알아요? 다릅니다.

　새 힘 받아야 변론이 나오고, 그렇기 땜에 지금 여러분들에게 내리는 것은 완전 영감의 변론이고, 완전 새 힘의 역사 내리고 있는 거죠. 은사가 아니에요. 그 은사 단계 섞어 놓으면 막 깔아앉아요. 이 영 앞에 그만 와서 눌리고 말아요. 그건 왜냐? 은사자들이 아직까지 몸에 사망의 질이 있습니까, 없습니까? 있단 말이요.

　병마가 있고, 아직까지 사망이 있고, 그 영은 중생 받았지마는 몸은 아직까지 마귀 권세가 거기 정복해 있는 거예요. 병들어 죽는 것은 아직까지 마귀요, 마귀 아니요? 병마가 마귀 아닙니까? 사망은 마귀죠? 예? 몸에 사망은 마귀로부터 오는 거예요? 그걸 알아야 된단 말이에요.

　그러니까 새 힘은 완전히 사망의 세력이 몸에서 제해지는 거요. 다릅니다. 알아요? 그래서 사도 바울도 말하기를 이 질을 가지고 있다고 그랬거든. 사도 바울도 부득불 그 영혼만 천당에 갈 사람이지, 몸에 질은 안 없어졌단 말이야.

　육체의 사람은 날로 후패하나 영은 새롭다. 그랬지요? 그러나 이거 없어지면 점점 강해지는 거요. 여러분들 내가 지금은 3년 전보다 더 강하겠어요, 강하지 않겠어요? 다르지요. 매일매일 확실히 달라지는데요. 이건 분명히 이 몸이 변화승천하는 역사입니다. 새 힘이. 이거 분명히 아시라고요.

　새 힘은 이 몸이 영생하고, 그 새 힘이라는 건 몸에 영생의 진액이에요. 그냥 들어오면 이 몸이 그냥 소성합니다. 그래 새 힘 받은 사람은 점점 자꾸 이게 합해 점점 더 힘이 안 들어요. 그렇게 좋습니다. (선지서 강해2, 26쪽~)

● 기도 응답 받는 일에 대하여

– 응답이라는 것은 어떤 음성이나 환상이나 신비의 체험만을 응답으로 본다는 것은 마귀 미혹을 받을 우려가 있습니다. 그러므로 응답 자체는 인생이 할 수 없는 일을 신께서 해 주신다는 것을 가르쳐 주신 것입니다. 기도라는 것은 내가 할 수 없는 일을 해 주실 줄 믿고 기도할 때 이루어지는 체험을 받는 일에 대하여 다음과 같이 말합니다.

첫째: 알고자 할 때에 깨달아지는 일이 있습니다.

제가 예수를 믿기 전에 기독교에 영생이 있는 것을 알아보려고 성경을 구해다가 매일같이 읽어 본 일이 있습니다. 그러던 중 예수를 믿게 되어 이상하게도 죄를 깨닫는 마음이 생기어 눈물 흘려 기도한 다음에 성경이 깨달아지는 체험을 받았습니다. 확실히 믿을 만한 진리라는 것이 깨달아지는 동시에 심령에 큰 소망을 가지는 생활을 할 때 자동적으로 믿어지는 체험에서 생활을 하였습니다.

둘째: 성결함을 받아 보려고 했을 때에 중심에 성결을 체험한 일이 있습니다. 성결이라는 것은 인생의 자체에 있는 것이 아니고, 하나님께로부터 온 응답의 역사로만이 이루어진다는 것을 체험했습니다.

셋째: 남을 살려 보려고 밤을 새워 눈물 흘리면서 기도하다가 피곤이 없는 세계를 체험한 일이 있습니다. 그러므로 새로워지는 소성이라는 것은 남을 살려 보려는 불타는 마음이 있어야 된다는 것을 깨달았습니다.

넷째: 원망할 일에 원망하지 않고 기도하다가 뜻밖에 하나님 말씀이 통달되는 체험을 받았습니다. 그러므로 언제나 마귀의 시험이 오는 것은 억울하게 하는 일이 있는 중에서 진리가 밝아진다는 체험입니다.

다섯째: 낙심할 일에 낙심하지 않고 기도하다가 새 힘을 받고 입에 말씀을 받는 체험이 있는데 그때부터 내 입으로 얼마든지 책자를 불러서 쓰게 되는 일이 있습니다. 그 밖에도 여러 가지 개인적인 응답이 계속으로 있지만 크게 응답의 단계를 말하자면 다섯 가지로 구분을 지어서 말합니다.

기도라는 것은 나 자체가 바로 서 보려는 기도로써 오는 응답도 있고 원망할 일, 낙심할 일, 억울한 일이 와도 원망하지 않고 낙심하지 않고 기도하다가 받은 체험도 있는데 기도라는 것은 그 신앙 향상에 따라서 그 응답이 있되 때를 따라 그 사람의 인격에 의하여 있다고 봅니다.

우리 인격이라는 것은 기도를 통해서만 있는 것인데 최고의 영계에 올라가는 자리는 자기를 위하여 기도하는 데서가 아니고 남을 위하여 기도하는 데서 남을 살릴 수 있는 종이 되도록 하나님은 들어 쓰는 데는 많은 열매로 이루어지는 것이 응답으로 되되 내가 목적한 바가 있다 해도 그것은 다 실패로 돌아가고 뜻밖에 홀연히 이루어지는 응답이 있으므로 하나님을 자랑할 수밖에 없는 자리로 들어간다고 봅니다.

그러므로 죄 사함을 받은 정도에서 감사하는 기도도 있고, 여러 가지 실패를 당했지만 다시 새로워지는 체험에서 드리는 감사의 기도도 있고, 남을 도와 보려다가 그 사람에게 큰 손해를 보고서 뜻밖에 다른 사람을 통하여 이루어지는 체험을 받을 때 감사하는 기도도 있습니다.

우리는 기도 응답이라는 것은 나의 소원을 이루는 것보다도 하나님의 소원이 이루어지는 것이라고 깨달을 것뿐입니다. 왜냐하면 하나님은 예지와 예정 아래서 우리보다도 먼저 아시고 계신 것인데 사람이 구할 때에 그때 가서야 하나님이 깨닫고 주시는 것이 아니고, 예정하신 뜻을 이루고자 하는 하나님의 뜻이 이루어질 적에 우리에게 기도할 수 있는 환경과 힘을 주고 뜻밖에 홀연히 이루어지는 일이 있되 무엇이나 인생의 계획 밖에 큰 일이 이루어진다는 것을 저는 체험한 것뿐입니다. (신앙 문답편, 87쪽~)

● 새 힘을 받은 이뢰자 목사의 하루 일과

– 이 사람은 이 월간지를 기록할 때마다 다음과 같은 감상이 있습니다.

나는 매일 10시간씩 수도 학과를 가르쳐야만 될 자리에서 아침 5시 30분부터 강단에 서면 9시 30분까지 강단을 떠나지 못하고 계속으로 서야만 합니다.

10시에 조반을 먹고 그 자리에서 즉시 월간지를 쓸 때에 받아 기록하는 사람이 붓을 들고 기다리고 있다가 내 입에 말씀이 내리는 대로 원고지에다 직접 받아 기록하는데 오후 1시 30분까지 기록하고 그 즉시 강단에 서면 4시 30분까지 강단에서 가르치고, 저녁을 먹은 후에 5시부터 말씀을 받아쓰게 되면 7시까지 쓰게 되고, 7시부터 강단에 서면 9시 30분에 저녁 공부를 필하게 됩니다.

그 다음 시간은 방문할 사람이 있으면 좌담할 기회가 한 시간 있게 되고, 그 다음에 기도하며 침상에서 밤을 지내게 됩니다. (특집편, 142쪽)

31. 서울로 가게 되다 (1967.8.19)

- 제자들이 삼각산 드보라 기도원에서 집회를 인도해 달라고 한다는 거짓 전보를 보내서 이뢰자 목사를 서울로 유인해 갔다.

● 납치를 당하다 (1967.8.19~9.24)
- 반대파였던 정청명의 꾀로 이뢰자 목사를 납치해 갔다.

● 홍분임 권사의 답사 (1967.9.25)
- 이뢰자 목사가 도봉산 근교 마을에 있다는 것을 파악하고 동정을 살피기 위해 이뢰자 목사의 장모가 되는 홍분임 권사가 다녀왔다.

● 종들이 기습하여 구출시키다 (1967.9.26)
- 제자들에 의하여 이뢰자 목사를 도봉산 쪽에서 밤에 삼양동에 있는 최집사의 집으로 탈출 시켜 오는 데 성공했다. 그후 이뢰자 목사를 빼앗기지 않기 위하여 거처를 자주 옮겨 다녔다.

32. 입에 말씀이 임하다 (1967.10.15, 사28:11, 59:21)

● 생소한 입술과 다른 방언으로 말씀하는 일 (사28:11~12상반절)
- (장소: 현, 서울시 송파구 거여동) 금일에 어떤 신학자들은 이 사람

의 입술에 말씀이 임해서 아무런 연구가 없이 「말씀의 칼」, 「조직신학 강의」, 「선지서 강의」, 「계시록 강의」, 「인간론」, 「성경해석법」, 「요한일서 강의」, 「새일성가」, 「아름다운 소식」의 월간지를 계속 발행하게 되는 것을 그 자체가 이단이라고 한다는 것은 너무나 경솔한 말이라고 본다.

　내가 지금 매일같이 책자를 쓸 때에 한 번이라도 내 생각을 집중시킨다면 도저히 입에서 말씀이 나오지를 않고, 생각을 집중하지 않고 있어야만 입에서 말씀이 나와서 책자를 쓰게 되는 것을 보면 나 자체는 스스로 떠는 마음을 가지게 된다.

　성경을 택할 때에도 내 생각을 집중하면 택하여지질 않고, 믿고 기도할 때에 입술에 말씀이 나오는 대로 성경이 택하여지고 제목과 서론과 대지와 결론이 스스로 나오게 되는 것을 보면 분명히 내 입술을 여호와의 신이 사용한다고 믿어진다. 하여튼 누구든지 이 책을 하나님의 말씀인 줄 알고 자세히 읽어 볼 때에 하나님은 반드시 역사할 것이다. (설교편2, 79쪽)

　- 이 사람이 이사야서를 읽지도 않고 그냥 말씀이 임하는 대로 기록하고 성경을 읽어 볼 때에 성경은 하나도 사람이 달리 해석을 할 것이 없이 그 본문 그대로 읽어서 완전히 변론을 할 수도 있고 확실한 지식을 얻을 수 있는 성경이다.

　그러므로 내 입술에 임한 말씀이 성경과 같다는 것보다도 성경을 무엇인지 모르는 사람들에게 그 내막의 뜻이 무엇이라고 간단히 알려주는 식이다. 예를 든다면 어떤 사람이 글을 쓰고 다른 사람이 그 글을 읽어서 모를 때에 그 글은 무슨 뜻으로 기록했다는 것을 간단히 말해도 읽어 보면 깨닫게 되는 것과 같이 하나님께서 이 사람의 입을 통하여 간단히 그 내용을 깨닫도록 말씀을 나타냈다고 믿어진다.

지금 월간지(아름다운 소식)도 본문을 택할 때에 입에 말씀이 와서 택하고 또는 그 성경을 보아도 내용이 어떻게 되는 것인지를 모르나 입에 말씀이 임하는 대로 받아 기록하고 보면 그 본문 내용이 대지적으로 분명히 나타나는 것을 볼 때에 누구든지 이것을 대적하는 자는 반드시 망하리라고 본다. 왜냐하면 성신의 훼방 죄 중에도 제일 큰 죄가 되기 때문이다. 이적을 보고 반대해도 훼방이라고 하였거든 하물며 여호와의 신이 합법적 변론으로 말씀을 내리는데도 이 진리를 대적한다면 본문대로 반드시 망하게 될 것이다. (설교편2, 80쪽)

● 심판기에 소위 제사장과 선지자들이 너무나 진리가 혼선될 때에 생소한 입술과 다른 방언으로 친히 백성에게 말씀하신다.(사28:11, 강의)

- 생소한 사람이다. 생소하다면 현 교계에서 누가 알아준다는 거요, 알아주지 않던 사람이라는 거요?

그러면 성경을 잘못 해석하는 사람 축에 드는 사람이오, 안 들은 사람이오? 그 사람의 입술을 통하여 하나님이 말하겠다는 거 아닙니까? 그 종이 말한다는 거요, 하나님이 말씀한다는 거요?

그러게 제가요. 이산에 올라와서 기도할 때에 하나님께서 그래요. 네가 새 힘을 받고, 이제 너는 방언을 폐지하라, 그래요. 다른 방언이 온다, 그래요. 내가 방언 많이 하던 사람이거든요. 이 방언을 폐지하라. 은사 방언이 아니고, 직접으로 네게 말씀을 주겠다고 그래요.

그러더니 정말 내 혀끝이 막 진동을 하더란 말이죠. 입을 꼭 다물어도 그냥 혀가 진동합니다. 입을 손으로 틀어막아도 그냥 혀가 진동을 합니다. 이거 큰일 났거든. 뭐이 왔소, 안 왔소? 야! 이거 정말 이상하다. 그러니 만날 입을 틀어막고만 있을 수가 있어요? 손을 놓으니까 혀끝이 딱 놀더니, 인제부터 내가 네 입을 통하여 책자를 내겠다는 거야. 그때부터 내 앞에 와 붓을 들면 얼마든지 책자가 나오는데 지금까지 계속 책자가 나옵니다. 이거 내가 스스로 하는 거요?

또, 월간지 쓰는 것도 그렇습니다. 달마다 70페이지씩 써내니까 설교도 인제 웬만한 데는 다 뽑아냈습니다. 그런데 딱 기도하면 벌써 입에서 '몇 장 봐라'는 말이 탁 나와 버려요. 딱. 그 다음에 봅니다. 보면, 암만 생각해도 설교감이 나서지 않습니다. 생각이 없어요. 그러면 내가 그 쓰는 아이보고, "야! 할 수 없다. 또 써라. 그저 혀끝에 나오는 대로 쓰자! 할 수 없다." 그러면 입에서 제목이 탁 나와 버려요. 그 다음 따르릉 나오면 딱 월간지가 나옵니다.

반드시 위에서 쓰라고 허락이 안 오면 한마디 안 나오는 거예요. 언제나 제 입에는 박하 같은 게 뭣이 와서 딱 물려집니다. 지금도 와서 딱 이렇게 물려집니다. 그때부터 저는 그러기 땜에요, 그냥 지금 보소, 예? 1967년 10월 달에 제 입에 이렇게 혀가 진동하여 말씀이 왔는데 5년간 책자가 나왔는데 그게 한 자라도 혼선이 됐습니까? 전부 원금으로 책자 불렀는데 혼선이 됐어요?

그때 하나님 그랬거든요. 이것이 그거라고, 생소한 입술과 다른 방언으로 말하겠다. 네 입을 통해 말하겠다. 또, 이사야 이 절수하고, 사 59:21을 직접 대 주면서 이것이 네게 왔다고. 내가 정신이 좋아, 머리가 하도 좋아 그렇다고 그런다니, 사실 내가 머리가 나쁜 사람입니다.

소학교도 못 간 사람인데, 제가 아무리 또 머리가 좋다면 내내 책을 보지 않고 왼금으로 책자를 낼 수 있습니까? 예? 낼 수 있어요? 그 왜 그렇게 하나님의 역사라고 그러기를 싫어하는지 몰라요.

또 수많은 책자를 낼 적에요. 사람이 여기 왔는데 딱 위에서, 이사야 강의 받아써라! 지시가 내려요. 그러면 내가 "오늘은 이사야 강의를 받아쓰랍니다. 여러분들, 붓 드시오!" 붓을 들었단 말이요. 그런데 여기는 사람들이 쭉, 저 말석에는 나를, 잘못하면 와서 귓방맹이를 칠 정도로 나를 책잡으려고 온 사람들이 죽 왔습니다. 그때요. 알아요? 아주 날 검열해 봐서 혼내줄라고. 그런 사람들 갖다 놓곤 '써라!' 합니다. 그래 그 사람들이 자세히 보겠소, 안 보겠소? 요러하고, 고개를 들었습니다.

그때에 이사야 성경을 읽지도 않고 냅다 입에서 말이 나오는데, 쓰고 읽어보면 딱딱 들어맞습니다. 절수까지 맞아버려요. 냅다 부르는데. 그런데 그 사람이 자세히 보다 내 앞에 와서 탁 그만 자복을 해요. 제가 잘못했습니다.

이거, 뭐! 그냥 냅다 부르는 거야. 이렇~게 하고! '조직신학 강의'고, '이사야 강의'고, 뭐 전부 다. 지금까지 월간지도 그렇습니다. 이것이 마귀라지요? 이단이라지요? 그 말씀 자체가 왔다는 게 이단이랍니다. 이 목사가 연구했다면 정통이라도 입에 말씀이 왔다는 자체가 이단이라는 거야. 그럼, 연구해서 혼선시키는 사람은 정통이고, 예? 그 경솔하지 않습니까?

생각해 보시라구요. 예? 이 수많은 성가집이 말짱 다 위에서, 써라! 하면 5분 10분 내 입에서 말이 나와서 작사가 나왔으니 그거 사람이 한 겁니까? 사람이 쓴 거요? 또, 작곡도 보시오. 작곡 받아써라! 하면 단

번에 풍금 없이 내 입에서 작곡이 나와 버리는데, 내가 뭐 음악의 악리(樂理)를 알기나 합니까? 소학교도 못 다녔는데 어떻게 음악을 배워나 봤나요? 저는 악리를 몰라요. 인제 하도 많이 들었으니까 박자는 좀 압니다. 새까만 점은 한 박자, 깃발 하나면 반 박자, 깃발 두 개면 반의 반 박자, 거기에 또 동글뱅이 치고 내려간 건 이건 두 박자, 아주 동글뱅이만 친 것은 네 박자, 그건 내가 알아요. 그거야 모르겠습니까? 하도 그러니 이제는 알아요, 좀 압니다. 그러나 옆에다 무슨 우물정자(#) 그건 몰라요. 이거 신성이가 자꾸 대 주거든요, 또 잊어 먹어요. 우물정자 쓴 것도 있고, 동글뱅이 친 것도 있잖아요? 그게 악리인데 그걸 몰라요, 내가요. 그만 또 잊어 먹어요. 그래도 작곡은 곧잘 해요. 그러면서 또 내가, 보면서 검사를 합니다.

"내 입에서 말이 나올 때 여기에 아무 한 점이 올라갔다. 내려놔." 그러면,

"아니요!"

"아니가 뭐야? 내려놔!"

그러면 내가 검사를 하고, 내가 또 판결을 내립니다. 그걸 안 내려놓으면 그 음악의 본음이 안 나오는 거예요. 우리 하나님도 음악 곧잘 합니다.

한 번도 거듭 안 부릅니다. 제가 보고 읽는 데는 더러 실수하는 수가 있어도요, 하여간 책자 부르는 데는 한 번도 내가 뭐 두 번 부르지 않았습니다. 꼭 하나님께서 내 입술을 나는 쓰신다고 봐요. 하나님의 신이 쓰신다고 봐요. 분명히 그랬지요? 예? 생소한 입술과 다른 방언으로 이 백성에게 말씀한다 그랬지요? (선지서 강해1, 250쪽~)

- 이때에 주를 맞이할 자는 죄과를 떠난 자로 신을 받고 입에 말씀이 임해서 영원토록 같이하시되 후손의 후손에까지 신이 같이하신다는 것이다.(사59:21, 강의)

그러면 동방으로 영광이 임하는 데는 동방 사람에게 신이 임한다는 거죠? 그 입에다 말씀을 준다는 거죠? 그럼 중동에서 동방이라면 우리 대한민국이죠? 그럼 동방 사람의 입술에 말씀이 임했다는 게 무엇이 잘못입니까? 이 사람이 입으로 불러 책자 내는 게 성서적이요, 성서적이 아니요? 그렇잖아요?

이 사람이 말이요, 얼마든지 입만 열면 책자가 나온다는 거, 그것이 이사야 이 말씀 역사란 말이에요. 그러지 않았어요? 그래서 한 사람에게 입에 말씀이 와 가지고, 그것으로써 새 시대 이뤄진다 그 말이에요.

후손의 후손에게, 영원히 영원히, 다른 거 없단 말이에요. 제가 저 빈민굴에 가서 기도할 때에, 내 입술이 진동할 때에 이상하게 혀끝이 자꾸 동하거든요. 전에도 나는 은혜 받아야 손가락 하나 동해 본 일이 없어요. 한 번도 진동을 해 본 일이 없습니다. 뭐 어떤 사람은 탁탁탁탁 이래가지고, 하아아아 이러거든. 그런데 한 번도 그게 없어요.

그런데 어떻게 된 노릇인지 하여간 뭐 딛다 오그라지는데요. 샬샬샬 하는데, 나는 몸도 한 번 들썩도 안 해 봤어요. 그런데 그때에는 혀끝이 자꾸 탁탁탁 돌아가거든요. 빈민굴에 가서는 기도도 많이 안 했어요. 어떤 집에 가서 제가 나 혼자 좀 앉아 쉬려고 딱 들어가 앉아서 이렇게 하는데 혀끝이 딱딱딱딱 떨려 와요.

아니 이게 뭐 평생 동안 내가 은혜 받아야 원 손가락 한 번도 안 내둘렀는데, 무슨 귀신이 오나? 이거 빈민굴에 무슨 귀신이 오나?

그래 입을 딱 틀어막았어. 틀어막아도 자꾸 논단 말이야. 자, 이거 원 이상하잖아요? 입을 떡 틀어막고 있어도 자꾸 혀가 솔롱솔롱 하는 건, 무엇이 왔소, 안 왔소? 아 그래 입을 척 여니까, 혀끝이 탁탁 떨며 막 탕 나와요. 나오면서 책을 쓰라는 거예요. '말씀의 칼' 책 받아써라! 그 때는 척 그렇게, 신기한 설교가 척 나오거든요. 그때부터 지금까지 그 거요. 써라! 하면, 붓만 들면 그냥 단번에 책자가 나오거든. 그러니 이 사람을 통하여 수많은 책자가 나온 것이 여러분에게도 다 필요합니까, 필요치 않습니까?

그러니까, 입에 말씀이 왔다는 자체가 이단이라니, 그러면 이게 이단 이요? 요즘 목사들이. 모르면 입을 닥치고나 있지, 닥치고! 그러면서 입에 말씀이 임하여 그걸로써 끝이라는데, 내가 그렇게 입에 말씀이 와 가지고서 좀 몇 달 그러다 쓰지 못했다면 모르겠지만, 이것이 1967년 10월에 왔는데, 이게 몇 해입니까? 5년 동안 계속으로 책자가 나오는 데 어떻게 부인할 수가 있습니까? 저는 짬만 있다면요, 얼마든지 책자 낼 수 있어요. 짬이 없어 그렇지요?

그냥 말이 나와요. 그냥 나와요. 뭐, 논설 써라! 하면 논설이 나오지, 하여간 무엇이나 써라! 하면 다 나와요. 편리하죠. 편리해요. 편리합니 다. 그러면 말씀이 동방 사람에게 이게 임했고, 신이 내게 임했다, 신이 내게 임했습니다. 그러면 이것이 성서적이지, 어찌해서 동방 사람에게 왔다는 것이 잘못이냐 그거요. 그럼 중공으로 올까요? 중공 세계에 이 게 올까요? 올 데가 어디 있습니까? 기도 많이 하는 사람 잡아다 가두 고, 성경 많이 보는 사람 잡아 가두는 판인데 중공세계에서. 그러니 대 한민국에 와야지. (선지서 강해2, 260쪽~)

33. '말씀의 칼' 출판 (1967.10.20~12월)

- 말씀이 임하여 최초로 받아쓴 책으로서 152편의 원리 중심의 설교로 이루어졌다. 분량은 464쪽이다.

● '말씀의 칼' 서문

- 우리는 말씀을 혼선시키는 거짓 선지의 영을 대적하여 싸우는 것을 우리가 받은 사명이며 나아가야 할 노선이라고 생각하는 동시에 필요한 무기가 되는 말씀의 칼을 받아서 교계에 내놓게 되는 것은 하나님께서 종말적인 영적 혼란을 물리치며 강단에 말씀의 혼선을 없이하는 열매가 될 것을 굳게 믿는 바입니다.

 칼 없는 군대는 아무리 다수를 가졌다 하더라도 하등의 아무런 승리를 볼 수 없음같이 말씀의 칼을 입으로 바로 쓰는 종이 아니고는 앞으로 오는 적그리스도의 앞잡이 거짓 선지의 권세를 깨뜨릴 자는 하나도 없을 것입니다.

 오늘 가장 필요한 것이 말씀의 칼이란 것을 깊이 깨닫지를 못하는 자라면 흑암 속에 빠져서 헤매는 생활이 되고 말 것이니 삶의 길을 바로 찾고 바로 남을 인도하는 종이 되려거든 이 책을 세밀히 조사해 보면서 읽어서 마음 판에 새겨야 되리라는 것을 깊이 깨닫는 마음으로 기록하는 것뿐입니다.   주후 1967년 12월   목사 이뢰자

● '말씀의 칼' 간담서

- 할렐루야! 아멘으로 우리 하나님께 영광을 돌릴 일입니다. 우리는

마귀와 싸우는 군대의 한 몸인 순교자의 형제요, 그의 동무가 되어 말씀의 칼을 들고 붉은 마귀를 쳐부술 용사로 돌진할 것을 굳게 맹세하면서 다음과 같은 간담서를 만민 앞에 기록하여 증거합니다.

 이 말씀의 칼이란 책은 어떤 인간의 두뇌 속에서 저작된 것은 아닙니다.

 이뢰자 목사님이 특별 기도 5, 6개월 기간을 마치는 동시에 그 입에 하나님의 말씀이 임하게 되어 홀연히 설교의 본문이 택해지고 제목과 대지가 홀연히 나타나며 입에서 이상하게 말씀이 조리 있게 나타나며, 이것을 책에 기록해서 만민 앞에 내놓되 우리 부흥단이 책임을 지고 출판하라는 뜻이 나타나므로 부흥단원 2, 3인이 합석하여 붓을 들고 목사님의 입에서 나타나는 말을 일자도 가감 없이 기록하되, 3인의 기록을 대조하여 조금도 틀림이 없는 확증을 보게 되어 말씀의 칼이란 책의 본문 설교 152개의 제목을 갖추어 여러 종님들과 성도들 앞에 드리오니, 받아서 자세히 읽어 마음 판에 새기시고 시대적인 거짓 선지의 미혹을 깨쳐 버리는 증거자가 되어 주시기를 간원 하나이다.

주후 1967년 12월　말세복음선교부흥단 올림

34.　지방 집회 인도 후 성산에 복귀

● 성당교회 집회 인도 (1967.12.10～17)
 － 소재: 전북 익산시 성당면

- ● 두산교회 집회 인도 (1967.12.18~22)
- 소재: 대구 광역시

- ● 성산으로 복귀 (1967.12.23)
- 쫓겨난 지 6개월 만에 성산에 재 입산하다.

제 7 장

여호와 새일교단

수도 학과 서책의 말씀이 오다

죄자의 영

완전 영감으로 입에 변론

하늘 영양

여호와의 신

35. 여호와 새일교단 (1968.1.1 정오, 사41:25 중반절)

- 하나님의 명령으로「여호와 새일교단」창립하다.
교단 법규, 여호와 새일교단가(새일성가 15장) 임하여 나타났다.

36. 수도 학과 서책의 말씀이 오다
  (1968.5.27. 오전 7시부터 받아쓰다)

- 깃발 달 때 나타난 원리 중심의 대지를 가지고 무장시키다가 정식으로 수도 학과가 되는 서책의 말씀이 임하여 6월 수도회까지 받아써서 그해 출판하여 완전한 학과로 삼고 수도를 진행했다.
「조직신학 강의」,「요한일서 강의」,「선지서 강의」,「요한계시록 강의」

● '강의' 머리말
- 하나님의 완전계약의 말씀이 이미 이루어진 그리스도의 언약의 피와 부활 승천과 성신 강림을 힘입어서 저희들은 중생을 받고 성령을 선물로 받는 동시에 주의 종 된 것을 진심으로 감사하는 마음과 또는 본서를 세상에 출판하여 내놓게 된 것을 다음과 같이 증거합니다.
이날까지 뚜렷이 다림줄의 진리가 나타나지 않으므로 기독교의 종말관이 혼선된 것은 우리 종 된 자로서 유감 된 일이 아닐 수 없었습니다.

그러나 하나님의 정한 때는 왔기 때문에 1968년 5월 27일 오전 7시에 이뢰자 목사님의 입술에 말씀이 임하여 강단에서 제자 된 저희들에게 「조직신학 강의」와 「선지서 강의」와 「계시록 강의」가 이제부터 말씀으로 임할 것이니 받아 기록해서 속히 심판의 다림줄의 진리를 만민이 알도록 세상에 내놓으라는 명령에 의하여 4, 5인이 붓을 들고 말씀이 오는 대로 받아서 기록한 것입니다.

일점일획의 글자라도 틀림없이 받아썼으니 독자 여러분은 기도하는 마음으로 읽으신다면 기독교 종말관의 다림줄의 진리를 분명히 알게 되는 동시에 말씀으로 승리하는 용사가 될 것입니다.

윤봉조   이정로   이진선   정신본   김진명

― 정식 학과 책이 없고, 임시 대지 책을 기도 중에 영감으로 기록하여 수도를 진행하던 중 1967년 8월 15일에 하나님께로부터 내게 새 힘이 임하면서 입에 말씀이 임하여 그때부터 책자를 쓰라는 명령이 오므로 「말씀의 칼」, 「요한일서 강의」, 「성경해석법」, 「조직신학 강의」, 「계시록 강의」, 「선지서 강의」, 「인간론」, 「새일성가」, 「아름다운 소식」의 월간지까지 발행하는 일이 있게 되었습니다.

이 책자는 한 자도 홀로 쓴 일이 없고, 강단에서 설교 중에 책자를 쓰라는 명령이 올 때는 수도를 받던 수도생들이 내 입에 말씀이 내리는 대로 기록한 것을 그대로 출판한 책입니다. 지금도 계속으로 매일같이 월간지를 받아쓰고 있습니다.

내가 9·24에 그런 일을 당할 때에 어떤 종들은 마귀의 지시를 받았다고 비난을 많이 했지만 지금에 와서 열매를 본다면 하나님께서 기독교 종말의 역사를 일으키기 위하여 강권으로 명령한 일이라고 생각할 때에 지금도 떨리는 마음을 금할 수 없습니다. (설교편, 58쪽~)

37. 뢰자의 영 (1969.2.18)

– 1969년 2월 18일(음력1월2일) 오전 5시에 이유성 영은 가고, 정오를 기하여 뢰자의 영이 왔다.

● 뢰자 영이 와서 처음으로 한 말
– 나는 백의 민족 살리러 왔다. 한 손에 책을 들고 한 손에 칼을 들었으니 받으면 살고 안 받으면 죽는다.

● 사도 요한의 영의 말씀 (1969년 2월 18일)
– 하나님의 정한 때는 왔다. 나는 이날까지 성모 마리아의 품에 안겨서 때를 기다리고 있었다. 이뢰자를 마리아의 영은 요한과 같은 아들로 여기고 간곡히 기도하던 기도는 이루어지되 천상천하의 모든 권리를 요한의 영이 맡았으니 그 영은 이제부터 뢰자의 권리를 행하게 된다.
 이날까지 요한은 뢰자라고 쓰지 않은 것은 그 영이 이름대로 활동할 때가 아니기 때문이다. 이제 그 영은 뢰자의 권리를 행하려고 성산 이뢰자를 찾아왔다. 3월 1일부터는 뢰자는 자기 맘대로 말하지 못할 것이다.

● 1969년 대표 종의 해라고 말씀하시다

– 동짓날에 가서야 완전이다. 붉은 용을 이긴 것이 1969년에 된 일이다.

38. 완전 영감으로 입에 변론 (1969.3.1)

– 1969년 2월 18일 온 뢰자 영이 정식으로 역사하기 시작하다. 영력을 걷은 다음 4시간 만에 다시 영감이 내려와서 그때 입이 열리게 되었다. 스룹바벨 임해서 짝이 나오고(1958.4), 열두 별이 이마에 내리치고 원리가 나오고(1965.5.15), 영감이 바뀌고 변론이 열리다.

– 하나님의 명령이라! 이제부터 권리 행사는 「새일수도원」 강단에 내린 말씀에 의하여 진행될 것이니 하늘과 땅의 권세는 이 진리로써 완전히 왕국을 이룰 것이다. 이날까지의 모든 것을 다 취소하고 이 말씀 하나에 의하여 굳게 잡고 나서라.

그동안 신부 자격을 완성시키는 일 하나에 목적을 두고 성령은 강권으로 역사했다. 신부의 자격이 완성된 사람에게 완전한 영의 역사가 임한 것이니 말씀의 다림줄 외에 과거의 과오를 두고 그것을 논란하게 된다면 말씀을 가하는 자가 될 것이다. 오늘부터 하늘 권세와 땅의 권세는 동방에 임한 말씀에 의하여 진행될 것이니 이것으로만 마귀는 거꾸러질 것이다.

이날까지의 역사라는 것은 하나님께서 다림줄의 권세 역사가 아니고 다림줄의 진리로써 역사할 책임자의 인격 훈련에 불과한 것이다. 인제부터 누구든지 하나님께로부터 동방에 임한 진리 안에서 싸울 때는 천사는 총궐기해서 싸워줄 것이다. 이날까지 대표적인 사람을 만들기 위해서 천사는 싸워줬지만 이제부터 대중을 위해 싸워줄 것이니 어떤 사람의 인격적인 실수나 또는 인격 부족을 논란하지 말라. 이것을 논란하는 자는 마귀 참소에 걸릴 것이다. 다림줄의 법에 의해서만 쟁변할 때에 하늘에서는 책임지고 움직여 줄 것이다.

- 내게 '뢰자 영감' 오던 해가 69년인데, 그러면 요한보고 척량하라고 한 것은 영적을 말한 거요, 몸을 말한 거요? 척량하라는 것은 몸으로 척량하라는 거요, 영적으로 하라는 거요? 영적이지요. 영적. 그러면 뢰자 영감, 사도 요한이 계시 받은 그 영감으로 하나 된다는 거 아닙니까? 그렇잖아요. 만일 단체가 되려면 이 사람과 영감이 하나 되어야지, 여러분, 어떤 사람은 이렇게, 지시 받아 가지고 저렇게 말한다면 그거 사단과 싸울 수 있습니까? 영적 단체가 돼야지요.

보시오, 우리나라에 최봉석 목사님이나 이런 양반들은 다 바울 영감이오, 아니오? 바울 영감이거든. 다 그 영감. 그러니까 그걸 말한 거요. 권능을 받아 가지고서 예루살렘과 유대와 사마리아 땅 끝까지 전한 것은 바울이 거기서만 전했지, 땅 끝까지 전했습니까? 그러니까 그 영감이 한 것 아니에요?

즉, 그와 같이 말세 변화성도는 사도 요한이 밧모섬에서 받은 영감, 완전 영감으로 계시 받던 그 성신 감동의 그 영감, 그것이 아니면 안 된다 그 말이에요. 알겠어요? 예? 그걸 알아야 돼요.

그러면 바울 사도가 편지 쓰던 영감과 계시 받은 영감과 달라요, 안 달라요? 다르지요. 바울이 종말관 똑똑히 알았습니까? 베드로가 알아서요? 베드로도 뭣인지 몰랐단 말이야. 베드로서 본다면. 바울 사도가 아는 정도로 알아 가지고 말세 종이 될 수 있습니까? 알아요? 바울 사도는 주님 재림하면 죽은 사람은 다 부활하고, 산 사람은 다 올라간다 그랬지요? 그 정도 가지고 됩니까? 안 되잖아요. 그러게 안 된단 말이야. 그러니까 지금 은사의 종들은 바울 사도와 같은 그 영감 계통의 사람이 그대로 안 되고, 사도 요한이 받은 영감 그것을 받아야 된다는 것입니다. 그래야 말세 종이 된다 그 말이에요. 그러니까 그건 왜냐 할 때 아무리 목사라도, 신학 졸업을 했더라도 이 영감을 받지 못하면 자꾸 혼선이 되는 거란 말이야. 예? 혼선이 돼요, 안 돼요? 된단 말야. 그러나 아무리 신학 졸업을 못했고, 아무리 정말 그런 사람이라도 이 영감을 받은 사람은 혼선이 안 된단 말이에요.

그러면 내가 강단에 서면 정신작용으로 말해야 돼요, 영으로 말해야 돼요? 영으로 말해야지요. 영으로. 입만 열면 자꾸 영으로 말이 나와야 돼요. 그러면 똑 같아요. 여러분들 나한테 와 들으실 적에 외진 못해도 이 영감 받으면, 강단에 서면 내가 하던 말 그대로 말이 나옵니다. 나와요. 그렇게 돼 있어요. 이거 받으면 말이 잘 나옵니다. 척량 받으면 다 같아요. 그래야 되는 거지, 되겠습니까? 그걸 분명히 아시라고요.

그러니까 나나 여러분이나 꼭 같습니다. 나도 그 영감의 이 맘을 받아 놓으니까 완전 변론이 나오더라 말이에요. 그래 여러분들 이거 받아 놓으면 다 같이 나오는 거요. 모세가 영감 받고나니까 그 아래 70장로가

다 같이 받았지요? 그러지 않았어요? 은사 영감 받은 사람이 역사할 때 받았지요? 받잖았어요? 알겠습니까? 그거란 말이요.

그러니까 영감이란 건 이건 불과 같아요. 불덩이 하나 있으면 얼마든지 번질 수가 있소, 없소? 얼마든지, 무한이지, 무한. 뭐 천하를 다 태우려 해도 태울 수 있지. 그렇게 돼 있단 말이야.

그러니까 지금 내 머리 위에 요한 사도가 계시 받던 그 영감이 지금 꽉 산처럼 와 쓰고 있습니다. 꽉-. 그 때부터 이 말씀을 딱 덮어놔요. 내 머리에 이게 딱 있거든요. 그러니까 이것을 여러분에게, 이것을 다 준다 말이요, 다. 이렇게 돼야 된단 말예요. (요한 계시록 강해, 188쪽~)

39. 하늘 영양 (1969.8.1 10:00)

- 생수 10년간 받고 나서 새 힘을 받고 2년이 지난 후 하늘 영양 받게 되었다. 변화 성도를 일으킬 총 책임자.

- 불 가운데서 뢰자라고 이름을 주신 것은 다음과 같은 의의가 있다. 너를 이날까지 시련시킨 것은 마귀를 짓밟고 나갈 수 있는 사람을 만들기 위해서 모략적으로 까불어 본 것이니 인간이 볼 때는 비소를 받을 수밖에 없는 일이니 하늘에서 이렇게 하지 않으면 사명을 할 수 없기 때문에 하나님의 숨은 모략으로 쓴 잔을 통과시킨 것이니 8월 1일부터 네게 쓴잔은 향기로운 꽃송이가 되고, 많은 종이 열매로 나타날 것이다.

너는 재앙으로 땅을 치고 나갈 사람이 될 것이니 하늘의 영양으로 오늘부터 7배나 주고 말하는 대로 되는 일이 본격적으로 진행될 것이니 네 입이 아니요, 여호와께서 쓰기 위하여 너를 신창조시키어 죄와 상관없는 몸으로 이날까지 길러준 것이니 너는 여호와의 도구인 것을 믿고 이제부터 담대히 나서라.

 성모 마리아는 너 하나가 이 자리까지 오게 하기 위하여 계속적으로 부르짖는 사실을 알 자는 없을 것이다.

 천하의 모든 권세는 뢰자적인 사명에 맡긴 것이니 너는 조금도 네 자신을 네 것이라 생각 말고 여호와의 것이라 생각하고 순종의 걸음을 걸어야 할 것이다.

 너는 여호와의 새 힘을 받은 지도 만 2주년이 된 이 달에 여호와 완전히 들어 쓸 것이니 조금도 여호와 행하는 일에 의심하지 말고 담대히 나가야 할 것이다.

 – 1968년에, 하나님이 내게 알려오기를 너는 하늘 영양을 먹고 네가 밥을 한 숟갈 정도만 먹게 되면, 그렇게 돼야 이 복음 전할 수가 있고 공산당과 싸울 수 있는 사람이 된다는 거요. 그래 이놈이 그런 지시를 떡 받고서 아침에 일어나서 우리 안사람보고
"여보, 지난밤 기도 가운데 말이야, 이제 하늘 영양을 내게다 주겠다고, 밥 한 숟갈 정도만 먹게 돼야, 그렇게 돼야만 내가 복음을 전할 수 있는 사람 된다 그랬으니, 이래야 되겠다."
"저 양반 또 쓸데없는 소리하고 있다. 어제까지 당신 밥 한 그릇씩 먹던 양반이 밥 한 숟갈씩 먹고 어떻게 살아? 그딴 소리 하지도 말라고."

"여보, 기도 가운데 그렇게 알려왔단 말이요."

그 담엔 기도하면 배로 뭣이 자꾸 들어오거든요. 꼭 그저 기도만 하면 그냥 배안에 꽉 차 버려요, 박하 같은 게. 이거 이상하다. 배가 탱탱 불러진다. 그 다음 밥을 차츰차츰 못 먹겠어요. 자꾸 식사가 주니까 그때는 우리 안사람이,

"왜 이렇게 밥 쪼금 잡수?"

"아, 하나님이 하늘 영양 준다고 그러지 않았어? 그러니까 그렇지." 1년이 넘었다. 그러니까 밥을 한 그릇 먹던 거, 반 그릇으로 줄어 버렸어. 반 그릇 이상 더 못 먹어요. (선지서 강해1, 268쪽~)

40. 여호와의 신 (일곱 영) (1969.10.15)

- 1969년 10월에 일곱 영의 신이 임했어요. 내게 말하기를 "너는 인제는 일곱 영의 역사가 임한다." 그래요. "여호와의 신이 임한다." 그래요. 그러더니 꼭 독수리가 날아오는 모양 같아요. 하늘에서 왁- 이건 꿈이 아니에요. 생시예요. 쉬익 하면서 꼭 나를 둘러쌉니다. 딱 이게 집결해요. 내게 와서요. 그때 말하기를 "너는 인제 여호와의 신이 네게 임해서 네 몸을 도구로 쓸 테니…."

밥을 먹어도 신이 먹어라, 먹지 말라 꼭 그러는 것 같아요. 먹다가 '그만둬' 하면 하나도 더 못 들어갑니다. 이 신이 임한 뒤로부터 제가 한 번도 입에다가 그 짐승의 고기를 먹지 못해요. 생선도 조금도 못 들어

오고, 계란도, 심지어 우유까지라도 들어만 오면 막 몸에 부작용이 일어나요. 받질 않아요. 안 받습니다. 계란도 조금도 들어가도 안 돼요.

그때부터 제가 이렇게 명랑하니 영계가 더 밝아지고요, 말씀 변론이 잘되고요. 저는 그저 꼭 항상 내 몸을 신이 들고 있습니다. 언제나요. 드러누워도, 어디 들어가도 뭐 그저 꼭 나를 안고 있는 것 같아요. 분명히 내게 신이 임했습니다. 이것이 무슨 신이냐 할 것 같으면 지혜와 총명의 신이요, 모략과 재능의 신이요, 지식과 여호와를 경외하는 신이라.

그 신이 임하고서 그때부터는 내 입술을 통하여 얼마든지 아름다운 소식 월간지가 나오지 않습니까? 자, 그러면 한 가지에 여호와의 신이 임해 가지고서 열매가 된다고 그랬죠? 그러면 여러분들은 또 따로 하나님이 줄까요, 이 사람을 통해서 역사 같이 받을까요? 그렇게 돼 있는 거요. 무장이 혼자 될까요? 안 되는 거야.

그러니까 나는 15년 전에 하나님께서, 너를 통하여 신창조시켜서 새시대를 이루겠다고 하신 그 말씀이 뭔가 했더니 오늘 와 보니까 분명한 사실이에요. 제가 신창조를 받은 지 15년 만에 지금에 와서 이렇게 됩니다마는 이거 두고 보세요. 틀림없이 이 사람에게 임한 역사가 변화성도 역사고, 새 시대 이뤄지는 역사입니다. 하여튼 제게 무슨 신이 임했죠? 이건 분명한데, 이걸 여러분들은 볼 때 분명히 하나님의 신이 틀림없죠? 마귀가 그럴 수 있습니까? 마귀가.

지금 제가 대접을 받으려면 얼마든지 받을 수 있는 자리에 있거든요. 그러나 대접도 못 받게 합니다요. 저 이러다 들어가면 밥이나 한 숟갈밖에 못 먹습니다. 거기다 채소나 좀, 채소도 많이 못 먹어요. 그렇게 하고 일만 하는 거예요. 먹지도 않고, 자지도 않고, 쉬지도 않고 만날 일만 하랍니다. 여러분에게 유익이오, 유익 아니오? 우리 대한민국에 소망이죠? 먹지도 않고, 자지도 않고, 쉬지도 않고 만날 일만 하랍니다. 그래도 점점 명랑해지는데. 그렇잖아요?

무신론자가 이기겠소, 내가 이기겠소? 그런 신이 왔단 말이에요. 제게 왔거든요. 저는 딱 뭘 알아보려 하면요, 한마디도 필요 없어요. 맘만 먹어도 탁 답이 옵니다. 답이 와요. 주여, 이것이 뭣입니까? 하면 따르릉, 꼭 옆에 있다 말하는 것처럼 해요. 조금이라도 합당치 않은 건 대답을 안 합니다. 안 해요. 꼭 그 옆에 누가 있다가 말하는 것처럼 꼭 그렇게 알려 와요.

분명히 제게는 여호와의 신이 같이하는 증거가 확실해요. 잠을 자는 것도 신이 날 재우고, 밥을 먹는 것도, 전부 신이 합니다. 틀림없습니다. 뭣이나 내게 신이 와서 다스리고 있어요. 하나님께서 나를 도구로 쓰는 거야. 도구. 그러게 분명히 나는 말세역사로 보거든요. 그러면 여러분도 이걸 믿어야 와요. 그럼 여러분에게도 임할 건 사실 아니에요? 한 단체란 말이야. 그래 이것이 세계를 통일한다 그 말입니다.

그러면 이사야 11장과 10장이 연결이 돼야죠? 그러니까 거룩한 사람이 이긴다는 말이나 여기 한 가지가 나온다는 말이나 같지 않소? 분명히 제게 이 신이 임했거든요. 틀림없습니다. 난 확신해요. 확실히 여기 그 신이 임했습니다. 그러게 여러분도 내게 임했다는 것을 믿어야 같이 받아요. 임했다는 증거가 확실합니까, 확실치 않습니까? 확실하잖아요? (선지서 강해1, 96쪽~)

- 우리 이제 말세에 예언의 말씀을 지킬 수 있는 사람이 되려면 보좌

앞에 일곱 영을 받아야 돼요.

 그 체험을 말하겠습니다. 내가 은혜시대의 은혜를 일곱 가지 체험을 다 한 사람이거든요. 은혜시대라는 건 이렇습니다. 빛, 바람, 불, 소리, 기름, 비둘기, 생수. 그게 있어요. 그것이 은사예요. 그것이 나타나요. 이렇게 돼요.

 이걸 내가 받은 사람인데, 하나님께서 "보좌 앞에 일곱 영을 받아라!" 그래요, 나보고요. 보좌 앞에 일곱 영을 받아야 말세 종이 완전히 된다는 거요. 보좌 앞에 일곱 영. 그러더니 하늘로부터 꼭 독수리가 날아오듯 말이요. 왁~ 하고 귀에 들리는 거요. 왁~ 해요. 그러더니 나중에 쉬~ 익 하더니 꽉 나를 끌어안아요. 내 몸을 꽉 안아요. 그러면서 말하기를, 너는 인제는 죽지 않고 변화승천할 몸으로서 여호와 신의 도구가 된 몸이니 절대에 조금이라도 짐승의 것을 몸에 들이지 말라는 거요, 짐승의 것을. 네 몸은 거룩한 몸인 동시에 하나님이 네 몸을 도구로 쓰려고 해서 네 몸에 여화와의 신이 임했으니 절대로 너는 짐승의 것을 몸에 들이지 마라.

 그때부터 정말 조금이라도, 계란이라도 손톱만큼도 입에 들어가면 안 됩니다. 힘이 없어요. 안 돼요. 생선도. 그 때부터 언제나 그 신이 날 둘러싸고 있단 말이에요. 그 때부터 변론도 바로 되는 게 오고 그렇게 됐는데, 그게 뭐냐 할 것 같으면 이 말세에 예언의 말씀을 바로 증거할 수 있는 그 영의 역사라 그 말이에요. 은사는 중생의 역사에 따라 오는 거요, 일곱 영은 변화성도의 역사에 따라 오는 거예요.

 그래서 언제나 그 신이, 그 영이 항상 몸에 집결해서 이 몸을 좌우하고 있어요. 드러누워도, 찻간에 가도, 언제나 밥을 먹어도 '그만 먹어라',

밥을 이렇게 먹으면요, 그 영이 그 옆에 있으면서 '요거 먹어라' '그만둬라' 하는 그런 감각이 있습니다. 그래 음식도 조금 먹다가 '그만둬!' 딱 그래요. 그러면 하나 못 들어가요. 안 됩니다. 저번 땐 맛이 있어서 몇 숟가락 먹었는데 '그만둬!' 하면 못 들어가요. 내리래요. 못 들어가요.

뭐 드러눕는 것, 일어나는 것, 아니 밥 먹는 거, 물 먹는 거, 전부 그 영이 간섭하고 있어요, 내 몸에다가요. 그리고 이 몸이 전체가 말이요, 전부 다 그 영이 지배하고 있어요. 이것이 분명히 기독교 종말의 역사라 그 말이에요.

저는 이 몸에 일곱 영의 역사가 온 게 분명합니다. 그래서 하나님께서 말씀하시길, 이제는 보좌 앞에 일곱 영의 역사가 일반으로 간다는 거예요. 그래야 역사 일어난다는 거예요. 절대 이거 안 받고는 역사 못하겠더란 말이요. 안 돼요. 이걸 받고 나니까요, 이 몸이 암만 뭘 해도 힘도 안 들 뿐 아니라, 이건 절대로 신이 주관하는 몸이 되고 말아요. 틀림없습니다. 신이 주관하거든요.

자, 밥 한 숟갈을 먹고 더 먹고 하는 것도 신이 주관하는데 다른 거는 말할 거 뭐 있어요? 은혜시대 역사는 심령부흥, 환란시대 역사는 변화승천. (요한 계시록 강해, 22쪽~)

- 하늘에서, "여호와의 신이, 네게 일곱 영이 임하니 이걸 받아라." 그래요. 그러더니 꼭 독수리가 날아오는 것처럼 쉭 하더니 씩 나를 갖다 안아요. 꿈이 아니에요. 하여튼 인제부터 너는 절대로 영양을 먹지 말라는 거야, 영양을.

그 밥 한 숟갈도 영양이 되는데 그전에는 소고기도 먹고, 불고기도 먹고, 닭도 먹고, 계란도 먹고, 생선도 먹고, 이렇게 먹었는데 먹지 말라는 거요. 전에는 그렇게 잘 먹던 고기, 그렇게 잘 먹던 닭고기, 그렇게 잘 먹던 생선, 그렇게 잘 먹던 생계란, 이런 걸 못 먹는 거요. 이거 참. 그러고는 못 먹었어요.

 저는 어디 가서라도 밥 한 숟갈밖에 못 먹습니다. 그래 가지고 꼭 그저 복숭아 한 알 먹으면 됩니다. 복숭아, 요즘 복숭아 참 맛있습니다. 또 토마토도 설탕가루 찍으면 안 돼요. 그냥 맨토마토로 한 조각 정도 먹어요. 전 이렇게 먹고 나면 밤낮 일하는데 아니 그런데 내가 몸이 강건합니까, 약합니까? 점점 내 몸이 탄탄해지는 사람이요.

 이것이 망조요, 길조요? 얼마나 좋소? 쌀 안 먹으니 좋아, 몸이 강건하니 좋아, 그렇지 않소? 언제나 밥은 한 숟갈이면 됩니다. 그리고 밀국수도 시래깃국에다 말아주면 그거는 한 사발 먹어요. 그래, 국수는 제가 한 사발 먹습니다. 그 외는 못 먹어요. (선지서 강해1, 269쪽~))

 ※ 은혜 시대 7가지 성신의 체험
빛→ 인도(히6:4), 바람→ 강권(행2:2), 불→ 소멸(마3:11), 소리→ 교통(행2:2), 비둘기→ 화답(마3:16), 기름→ 진리(요일2:27), 생수→ 소성(요7:38)

제 8 장

'새일중앙교회' 창립
「아름다운 소식」
하나님의 친구
둘째 아들
멸공진리 강연회
「인간의 종말」 출판
최고 영계의 지도자

41. '새일중앙교회' 창립 (1970.3.1)

3월 1일, 중구 도동 2가 3번지 3층에 「새일중앙교회」 세우다.
6월 1일, 종로 1가 3번지 9층으로 이사하다.(현 광화문 교보빌딩 자리)
'총회 사무 본부', '부흥단 본부'의 사명이 있다.
교회 위치는 서울에 있어야 하고, 교회 담임자는 이뢰자 목사이다.

42. '아름다운 소식' 출판

1970.6.17 부터 아름다운 소식의 말씀을 받아쓰기 시작하다.
1970.7(창간호), 등사 프린트로 출판 (인쇄공 임경석 전도사)
1970년 7월호~1972년 9월호 발행

● 고급 빵, 금만년필의 영몽을 꾸다
- 나는 이상한 꿈을 꾼 것이 생각납니다. 내가 어떤 교회를 찾아갔습니다. 우물을 파고 펌프 수도를 놓았는데 물을 퍼 보니 맑은 물이 아니었습니다. 그러므로 내가 다시 땅을 파고 보니 이상한 징조가 나타났습니다. 흙이 아니요, 전부 고급 빵이 지하에 꽉 찬 것을 발견했습니다.
그 빵을 먹어보니 흙냄새는 하나도 나지를 않고 향기로운 냄새가 나는 것이었습니다. 그때에 나는 그 빵을 모든 사람에게 나누어 주었습니다. 그런데 그 빵을 먹는 사람마다 너무나 맛있다고 야단을 하는 광경을 보다가 잠을 깨었습니다.

　그런데 또다시 꿈을 꾸게 되었습니다. 내가 길을 가는데 어떤 사람을 만나서 땅 속으로 들어가는 광경이 보여졌습니다. 그 사람이 땅 속에서 나오는데 금만년필 촉을 들고 나와 이것으로 글을 쓰라는 것이었습니다.

　그 후에 아름다운 소식의 월간지를 발행하라는 명령이 하나님께로부터 왔습니다. 출판비가 없이 문서 운동을 하기로 작정하고 염려하던 중에 어떤 농촌의 학생이 아름다운 소식의 월간지 출판비를 바치라는 지시가 있다고 하면서 일금 5만 원을 바쳤으므로 시작된 것입니다.

　만 2년이 되는 오늘에 매달 5, 6천 부를 발행하고 있습니다. 이 사람 혼자서 입으로 불러서 만 2년 동안 월간지를 발행하여도 아무런 피곤을 모르고 있습니다. 매월마다 100여 명의 수도생을 가르치고 있으면서 아름다운 소식의 월간지를 계속으로 발행하게 되는 것은 사람의 힘이 아니요, 하나님의 역사라고 분명히 믿어지는 바입니다.

　앞으로 이 문서 운동은 세계를 상대하여 대확장을 가져오게 될 것입니다. 왜냐하면 이 문서 운동은 직접으로 하나님의 역사 아래에서 되어지는 일이기 때문입니다. 이 어리석고 미약한 종이 70페이지의 아름다운 소식 월간지를 수도 학과를 공부시켜 가면서, 「새일중앙교회」 목회를 해 가면서, 매달 1주일씩 성회를 인도해 가면서 아무런 지장 없이 만 2년간 발행하게 된 것은 전부 하나님의 역사인 것을 믿고 하나님께 영광을 돌리는 것뿐입니다.

　앞으로 더 명랑한 변론의 말씀으로 얼마든지 문서 운동을 할 수 있습니다. 사명 동지 여러분들께서 큰 축복을 받으시려면 이 문서 운동에

합심 협력하여 주시기 바랍니다. (설교편, 348쪽~)

● 창간호(1970년 7월) 발행 (1970. 6. 17 쓰기 시작)
 –'아름다운 소식' 창간사

 아름다운 소식을 시온에 전하라는 말씀에 순종하는 마음과, 귀한 말씀을 받아 보시고 축복을 받을 종님들에게 다음과 같이 복을 비는 마음으로 기도하면서 간절히 바라는 바는 이 글을 읽으실 적에 어떤 사람의 창작으로 보지 마시고 하나님께로부터 주신 말씀인 것을 믿고 읽어 주시기 바랍니다.

 왜냐하면 이미 본인을 통하여「말씀의 칼」,「성경 해석법」과「요한일서 강의」,「조직신학 강의」,「선지서 강의」,「계시록 강의」,「인간론」,「새일성가집」등의 책자를 쓴 것은 강단에서 설교하는 중 위로부터 책을 쓰라고 알려 줄 때에 아무런 책도 보지 않고 입으로 말씀을 내리는 대로 여러 종님들이 받아 기록한 것이 여러 가지 책자를 이루었습니다.

 금번에도 월간지를 발행할 때에 아무런 준비도 없이 입에 말씀이 내리는 대로 받아서 기록하여 월간지를 발행하게 되오니 이것을 본인의 저술이라고 종님들 앞에 말하기는 떨리므로 솔직한 양심에서 증거하오니 아무런 의심도 없이 읽어볼 때에 깨닫는 바가 있었으면 아래와 같은 주소로 보신다는 신청서를 보내주시기를 바랍니다.

 언제나 매월 창간지와 같은 방식으로 15일 경 발송하도록 하겠습니다.   1970. 6.
충남 논산군 두마면 신도안 새일수도원
목사 이뢰자

― 두 손 들어 축복을 빕니다. 이 월간지는 숨은 종님들의 성금으로 시작이 되었습니다. 이 성금을 바치는 분들이 자기 이름을 알리지 말라고 하시므로 이름은 생략하고 다음과 같이 알립니다.

처음에 농촌에 숨은 기도의 학생이 지시를 받고 3만 원, 다음에 5만 원을 바쳐 월간지가 시작되었고, 다음 어느 여자고등학교 선생이 7년간 그 학교에 근무한 표창상으로 받은 돈 1만 원을 바쳤고, 농촌에 있는 어떤 집사님이 9천 원을 보냈고, 예수를 새로 믿는 집에서 온 가정이 은혜를 받고 '새일교회'를 세운 일이 있는데 3만 원을 바쳤고, 어떤 기도의 종이 기도 가운데 1.5만 원을 바쳤고, 어떤 교회에서 간절한 마음으로 연보하여 3천원을 바쳤고, 어떤 집사님이 기도 가운데 1만 원을 바쳤습니다. 그 밖에 출판비는 각 곳의 성도들이 이 책을 가져다 무상으로 종님들에게 보내고 그 책대를 인쇄비로 보내주셔서 8월에 2천 부, 9월에 3천 부, 10월에 5천 부를 출판했습니다.

11월 호부터 출판할 인쇄비는 독자 여러분들이 기도 중 출판비를 보내 주실 줄 믿고 축복을 비는 바입니다. (특집편, 73쪽)

― 하나님의 역사는 지렁이 같은 야곱에게 임한다는 말씀대로, 불학무식하고 약하고 둔한 이 사람의 입술을 통하여 매달 아무런 피곤 없이 계속으로 글을 쓰도록 말씀을 주신 하나님께 영광을 돌리나이다. 나같이 둔하고 사랑이 없는 인간을 들어 쓰는 것은 누구든지 강권 역사이면 다 될 수 있다는 표적이라고 믿어집니다. 천하를 주고도 바꿀 수 없는 생명의 말씀을 계속으로 기록하게 되는 것은 하나님의 축복이 이 땅에 오고 있는 증거의 하나라고 믿어집니다.

아름다운 소식 월간지를 시작할 때에는 단돈 100원의 출판비도 없었지만 농촌에 사는 어떤 학생 마음에 하나님께서 격동을 주어 500권의 월간지를 프린트로 하게 되었던 것입니다. 다음에는 주의 명령에 순종하여 정식 출판을 3천 부에서 5천 부까지 하게 되어 1년이라는 해를 지냈습니다. 하나님을 경외하는 마음으로 다음과 같이 간증을 합니다.

나로서는 이 글에 대해서 하나님께 감사하는 동시에 떠는 마음을 금할 수 없습니다. 이 글을 1년간 기록할 때에 한 글자도 고치거나 가감한 일이 없이 내 입에 말씀이 오는 대로 기록한 것입니다. 간혹 사투리로 나온 말을 표준어로 쓰기 위해서 수정한 일은 있지만 그 밖의 것은 조금도 가감이 없는 글입니다. 교정을 보는 데서 잘못되었을 때가 있었습니다.

매월 70페이지의 월간지를 가감이 없이 입으로 불러서 책자를 내었다는 것은 이 사람의 생각이 첨부된 곳은 조금도 없다는 것을 증거합니다. 내 생각이 조금이라도 첨부될 정도가 될 때는 말씀이 내리지 않으므로 내 생각을 포기하고 무조건 입을 열어 말씀이 오는 대로 기록한 것이 이날까지 발행된 책입니다. 간절한 마음으로 사명 동지에게 간증을 올리는 바입니다.

부탁은, 이 책을 이제부터는 더 완전한 문서 운동으로 전개코자 하오니 이 말씀을 조금이라도 내가 기록한 글로 생각지 마시고, 이해가 되지 않는 말이 있다 하여도 깊은 기도를 해 보시며 읽어 주시기 바랍니다. 나도 기도가 적으면 깨달아지질 않고, 기도가 깊을 때에 크게 감화를 받는 가운데서 읽으면 완전 변론의 방법이 어떠한지를 알게 됩니다. 조금이라도 복잡한 생각이나 인간의 어떤 학적으로 보는 것보다도 그 진리의 내막을 묵상하면서 읽을 때에 그 진리의 내용에서 큰 힘을 얻게 되는 것을 저도 항상 체험하게 됩니다.

어떤 사람은 내가 연구하지 않고 입에 말씀이 임했다는 그 자체가 이단이라고 하는데 이것은 대단히 두려운 말이라고 생각됩니다. 나는 머리로 연구한다면 한 페이지의 글을 쓰기가 어려운 사람이니 누가 인정하든지 말든지 위에서 명령하는 대로 입을 열어 말할 수밖에 없습니다.

그 밖의 것은 말씀을 받아 기록하는 종과 인쇄하는 종님들의 피땀의 수고를 한 일에 대해서 감사할 것뿐입니다. 일전의 사례금도 받지 않고 밤을 새워 기록하는 종이나 밤을 새워 교정을 보는 종님들에게 하나님의 축복이 칠 배로 올 것을 믿고 기도할 것뿐입니다.

본서에 발행자가 '이뢰자'라고 써 있습니다. 이 사람은 발행자라는 이름을 가질 수가 없는 사람이지만 떨리는 마음으로 어쩔 수 없이 1년간 가지게 된 것입니다. 오늘이라도 위에서 말씀을 주지 않으면 이 월간지는 부득불 폐지가 될 것입니다.

하루에 10시간씩 수도 공부를 시키면서 나머지 시간에는 책상머리에 앉아서 아무 생각이 없이 성경을 들고 앉아 입을 놀린 것뿐이지, 아무런 노력을 한 것이 없는 무능한 인간입니다. 이 글을 기록하기에 수고한 종이나 교정을 보아서 출판을 하는 종님들의 수고가 더욱 많았다는 것은 하나님께서 아실 일이라고 믿습니다.

이 사람은 여러 종님들 앞에 무능하고 아무 보잘것없는 지렁이의 한 사람이라는 것을 말할 것뿐입니다. 돈도 지식도 힘도 없는 사람이 이 월간지를 홀로 1년간 내었다는 것은, 출판비를 계속해서 보내 주신 종님들의 지극한 성의와 이 월간지를 전하기에 노력한 종님들에게 있다고 봅니다.

이제부터 더 큰 축복이 임함으로써 이 문서 운동은 큰 발전을 보게 될 것을 확신합니다. 간곡한 부탁은 배가 운동을 할 결심을 가지시고 총력을 다해 주신다면 이 지렁이 같은 사람의 입을 하나님께서 계속으로 써 주실 줄 확신하는 바입니다. (특집편, 186쪽~)

- 할렐루야로 영광을 하나님께 돌릴 일이 아닐 수 없습니다. 우리들은 이 책을 기록한 자이며, 출판하는 일에 작은 정성이나마 힘을 기울여 봉사한 자들입니다.

누가 이것을 기록할 자 있사오리까? 우리들은 하나님께서 사랑하는 주의 종의 입술을 사용하여 샘솟듯이 솟아나게 하는 말을 일점일획 가감 없이 받아써서 이 책에 정확히 출판하며 여러 사명 동지들이 읽어 볼 수 있도록 하는 것뿐이요, 우리들도 이걸 받아쓰면서 또는 다시 읽어서 교정을 보면서 하나님의 놀라운 은총을 눈물겹게 감사한 것뿐입니다.

읽도록 새로워지고, 생각하도록 진리가 밝아지는 자, 얼마나 복 있는 자일까요? 우리들은 분명히 기독교 종말에 오메가의 역사의 한 페이지라고 믿으면서 영광을 하나님께 돌리는 것뿐입니다.

받아쓴 사람들: 조신성, 김광보, 장신복 (특집편, 37쪽)

- 슬프다. 아리엘이여, 아리엘이여, 너는 어찌하여 티끌 속에 묻혀 있는 지렁이 같고, 그슬릴 대로 그슬린 나무가 되었다고 누가 그 나무를 만지기 좋아하며 누가 그 지렁이를 만져 보기 좋아할 자 있으리요. 인간이 볼 때는 신접한 자같이 보이나 하나님이 보실 때는 아리엘의 역사로다.

이날까지 숨겨 놓았던 비밀의 말씀을 내 입술을 통하여 매일같이 서판에 새겨 누구든지 읽어 보고 심령 소성 받게 하고, 작은 골방 깊이 잠겨 잠들었던 자들이 이 글을 읽을 때에 맑고 맑은 영감 받아 하나님 말씀 밝아지고, 맛을 잃었던 자들이 새로운 진리를 맛볼 때에 용기 있게 달려오는 그 모양 아름답습니다.

　하나님께서 지렁이같이 밟히게 하고 그슬린 나무같이 되게 하신 것은 하나님만을 영화롭게 하기 위한 하나님의 선한 모략인 줄 믿습니다. 내가 무엇을 자랑할 수 있사오리요, 여호와 하나님만 자랑하겠나이다. 지금은 반딧불같이 보이나 세계를 밝히는 빛이 되고, 지금은 작은 겨자씨 한 알같이 미미하오나 세상을 덮는 역사가 될 것을 믿습니다.

　70년부터 일어나는 두 가지 역사는 시작되었습니다. 거짓 선지의 역사도, 참된 진리의 운동도 이해부터 일어났사오니 필연코 승리는 약한 자에게 있고, 멸시를 받는 자에게 있고, 억울하게 쫓겨난 자에게 있고, 이유 없이 이단이라고 정죄를 받는 자에게 있다는 것이 선지의 예언인 것을 믿습니다.

　하나님은 과거도 현재도 미래도 이와 같이 역사하시는 것을 내가 믿나이다. 황금만능 시대에 일전 한 푼 없는 거지같은 사람이 이 일을 할 수 없사옵고, 20세기 문명을 자랑하는 금일에 소학교 간판도 없는 사람이 이 일을 할 수 없사옵고, 진리를 대적하는 공산당이 온 세계를 침투하는 금일에 지렁이 같은 미약한 존재가 어찌할 수 없나이다. 그러나 '야곱이 미약하오니 어떻게 서리이까' 할 때에 황충 떼 피해도, 불의 피해도 당치 않게 하시겠다고 약속하신 말씀을 내가 믿나이다(암7:1~6).

　이 일을 시작하신 이는 내가 아니옵고 여호와의 신이 온즉 내가 한 자의 글인들 일점일획도 스스로 쓴 일은 없나이다. 이것은 하나님께서 보증할 일이라고 봅니다. 춘하추동 사시의 절기는 변함없이 돌고 있어 태양은 다시 바뀌어질 수밖에 없는 크리스마스를 맞이하여 새로운 해에 해 나갈 일은 아무런 생각조차 나지 않고 용기조차 나지 않습니다.

아름다운 소식의 월간지를 어떻게 기록한다는 한 자의 연구도 미리 준비한 일이 없습니다. 일전의 한 푼 금액도 준비한 일은 없습니다. '누가 나를 도우리요' 할 때에, 하나님의 일이오니 아버지의 뜻대로 하옵소서 하는 기도밖에 할 수 없는 이 사람입니다.

지금 5천 부라는 책 수를 출판하지만 아무런 조직을 이룬 단체도 없고, 아무런 기사를 맡은 종님도 있지 않고, 매일매일 시간 따라 어린 학생 한 사람이 받아 기록하는 것만이 이 책자를 발행하는 기본입니다.

할렐루야로 영광을 돌릴 날은 분명히 있을 줄 믿고, 용기 있게 걸어가고 있습니다. 인간이 볼 때에 아무런 예산 없사오나 우리 아버지 하나님은 예산이 있을 것이고, 인간이 볼 때는 작은 일 같사오나 우리 아버지 하나님은 제일 큰 일로 여기신답니다. 왜냐하면 과학을 초월한 일이기 때문입니다. 사람이 볼 때에 거짓말 같이 보이나 참이요, 영계가 어두운 자들이 이단같이 보이나 밝히 본다면 오메가의 정통입니다.

인류 역사의 끝을 맺는 역사는, 입에 말씀이 임해서 되는 일이 마지막이라고 이사야 선지는 사28:11, 59:21에 분명히 기록되어 있습니다. 여호와의 말씀이 입에 임해서 기록하다 보니 이 책을 기록하는 책상에는 원고지 한 권, 성경 한 권밖에는 아무것도 있지를 않습니다. 이것이 여호와를 자랑할 일입니다.

하나님의 일은 절대로 복잡한 일이 아니고, 대중이 일어나는 일이 아니요, 명랑한 가운데서 적은 사람이 시작되는 일입니다. 가난해도 일할 수 있고, 일자무식도 서책을 낼 수 있고, 지렁이같이 약해도 원수를 이길 수 있는 일이 하나님의 일이기 때문입니다.

 70년 해의 끝을 맺는 이 글을 쓰면서 새해를 당하여 1월 호부터 대승리를 보는 책자로 발행될 것을 믿습니다. 아무쪼록 독자 여러분들은 이 글이 하나님의 말씀인 줄 아실진대는 하나님의 축복과 완전한 승리가 이 진리 운동을 통하여 귀 교회와 귀 가정에 있기를 저도 기도하고 독자 여러분도 기도할 것뿐입니다. (특집편, 83쪽~)

 - 이 사람은 이 월간지를 기록할 때마다 다음과 같은 감상이 있습니다. 나는 매일 10시간씩 수도 학과를 가르쳐야만 될 자리에서 아침 5시 30분부터 강단에 서면 9시 30분까지 강단을 떠나지 못하고 계속으로 서야만 합니다.

 10시에 조반을 먹고 그 자리에서 즉시 월간지를 쓸 때에 받아 기록하는 사람이 붓을 들고 기다리고 있다가 내 입에 말씀이 내리는 대로 원고지에다 직접 받아 기록하는데 오후 1시 30분까지 기록하고 그 즉시 강단에 서면 4시 30분까지 강단에서 가르치고, 저녁을 먹은 후에 5시부터 말씀을 받아쓰게 되면 7시까지 쓰게 되고, 7시부터 강단에 서면 9시 30분에 저녁 공부를 필하게 됩니다. 그 다음 시간은 방문할 사람이 있으면 좌담할 기회가 한 시간 있게 되고, 그 다음에 기도하며 침상에서 밤을 지내게 됩니다.

 이러한 중 너무나 분주해서 여러분들의 서신을 받을 때도 특별한 일이 아니고는 회답하기가 어려운 상태입니다. 바라옵기는 혹 월간지에 소식을 기록할 마음이 계신 분은 특별한 소식을 특집에 기록하도록 연락해 주시면 고맙겠습니다.

 이 문서 운동은 하나님의 명령에 순종하는 것뿐이고, 아무런 원조 기관도 없고, 그 달마다 인쇄비를 성도들이 연보를 보내는 대로 출판하고 있습니다. 이 책은 어떤 사람이 저술한 책이 아니므로 책의 정가도 없고, 전도용이라는 것으로 한 것은 다음과 같은 의의가 있습니다.

 1. 시대적인 변론이므로 이날까지 교계에서 없던 변론을 계속으로 출판하므로 강단 생활하는 종들에게 필요한 책이 될 것입니다. 교회를 사랑하는 마음으로 사명 동지들은 적어도 매달 10권 이상은 종들에게 전하도록 힘써야만 되겠습니다. 현저히 목회자들에게 큰 도움을 주고 있습니다.

 2. 누구든지 읽어 보기에 쉬운 말로 기록되었으므로 문학이 높지 못한 분이라도 가정에서 읽어 그 신앙생활이 건전하게 될 것입니다. 아무쪼록 가정에 늘 있어서 조용히 기도하는 숨은 종들에게 전하도록 힘써 주시기 바랍니다. 모든 영들은 이 책을 읽으므로 소성을 받게 될 것입니다.

 3. 가급적이면 이 책에 대하여 책대로 알지 마시고, 인쇄비로 아시고 송금을 하시되 40원 가량은 보내 주시도록 하셔야 이 진리 운동을 하는 일에 지장이 되지 않겠습니다. (특집편, 142쪽~)

 - 이 아름다운 소식의 월간지는 사람의 머리로 연구한 책이 아닙니다. 하나님께서 내 입술을 통하여 이 시대에 영계 혼란과 말씀 혼선을 없애어 사상 문제를 바로 다스리기 위하여 주시는 말씀인 줄 믿습니다. 이

사람은 어떠한 서책을 볼 시간도 없겠지만 사실은 그것을 볼 만한 높은 지식을 가지고 있는 사람이 못 됩니다.

　사람으로서는 이 시대의 비밀을 알지 못할 것을 아시는 하나님께서 내 입술에 변론의 역사를 주셔서 시대의 비밀을 바로 변론할 수 있도록 하셨다는 것을 확실히 믿습니다. 내가 저작을 한 것이라면 이러한 부탁을 드릴 수가 없지만, 하나님께서 나에게 역사하시므로 된 일이니 다음과 같은 부탁의 말씀을 드립니다.

1. 이 아름다운 소식의 월간지를 읽는 가운데서 심령 소성의 큰 힘을 얻도록 사명 동지 여러분들은 특별한 노력을 하시기 바랍니다.
2. 이 아름다운 소식의 월간지를 통하여 말씀 변론의 입이 열려지도록 사명 동지 여러분들은 특별한 노력을 하시기 바랍니다.
3. 이 아름다운 소식의 월간지에서 우리가 사상적으로 나갈 방향이 무엇인 것을 완전히 찾아 어려운 난국을 돌파하고 나가는 사상 동지의 결합이 있도록 사명 동지 여러분들이 힘을 써 주시기 바랍니다.
4. 이 아름다운 소식의 월간지는 저 혼자서 아무런 자본도 없이 발행하는 것이오니, 월간지의 인쇄비 값만은 속히 보내 주시도록 사명 동지 여러분들은 힘을 써 주시기 바랍니다.
5. 이 아름다운 소식의 월간지를 널리 '문서 운동' 하는 일에 힘을 써야만 하겠습니다. 이 책 한 권을 전한다는 것이 사명 동지 여러분들에게 큰 축복이 된다는 것을, 실천하는 사람은 영적으로 깨닫게 될 줄 믿습니다.
6. 이제부터 더 고상하고 오묘한 문서가 나오게 될 것이니, 사명 동지 여러분들은 우리 한국 교회뿐만 아니라 세계 교회가 각성을 받게

되도록 합심 협력하여 문서 운동에 물심양면으로 기울여 주시기를 바랍니다.
7. 이 아름다운 소식의 월간지에 있는 광고란에 무엇을 내시려는 마음이 있으시면 한 달 전에 본사에 알려 주시기 바랍니다.

- 3월과 4월은 수력 전기 공사에 본인이 직접 지도하는 일이 있었으므로 너무 시간이 분주하여 6월 호 월간지가 좀 늦게 배달되었습니다. 수도 학과를 가르치면서 책자를 기록한다는 것도 사람으로서는 감당할 수 없는 일입니다. 그런데 매일같이 전기 공사를 하기 위하여 현장에 나가서 여러 가지로 지도하다가 숨찬 걸음으로 산에서 내려와서 아무런 기도 준비도 없이 기록하게 되었습니다. 그러므로 졸면서 입으로 말씀을 부르기도 하고, 누워서 말씀을 부르기도 하고, 심지어 무엇을 먹으면서도 말씀을 부르기도 하였습니다.

너무나 정신노동이 지나치다 보니 정신 작용은 감당할 수 없는 자리에 있게 되었으나 영적으로 말씀이 내리는 것을 받아 기록한 것뿐입니다. 나는 아무런 성의가 없었지만 성령님께서는 내가 성의가 없다고 해서 역사하지 않은 것이 아니요, 조금이라도 지장이 되지 않도록 역사하셨습니다.

언제나 기도하시면서 심각히 읽어 보시면 간단한 말이나마 독자 여러분들에게 큰 도움이 될 것을 믿습니다. 이러한 귀한 서책을 쓰는 사람이 여러 가지 일을 하다가 시간을 내어 중대한 글을 썼다는 것은 인간이 볼 때에 너무나 무성의한 것같지만 하나님께서 보실 때에는 기뻐하실 일이라고 봅니다. 왜냐하면 하나님의 집에 불을 밝히기 위하여 노력한 일이기 때문입니다. 그러므로 나는 아무리 분주하게 기록했지만 하나님은 부족함이 없도록 역사하신다는 것을 믿는 바입니다.

독자 여러분들은 언제나 성령님께 의탁하고 읽으시기 바랍니다. '이뢰자'라는 이름은 조금도 이 책에 가담시키지 마시고, 성신의 역사로만 이루어진 것을 믿고 축복을 받으시기 바랍니다. 많은 시간을 소비하고도 성신의 역사가 없다면 독자 여러분들에게 열매가 될 수 없지만, 내가 아무리 분주한 가운데 이 책을 기록했다 하여도 성신이 역사하신 글이라면 독자 여러분들에게 분명히 열매가 될 것이라는 것을 믿고 기쁨으로 이 책을 기록합니다.

순종을 제사보다 기뻐하시는 하나님께서는 내가 전기 공사를 지도하면서 기록한 이 일을 기뻐하실 줄 믿습니다. 오늘에 많은 잡지가 있지만 참된 진리가 기록된 것은 아름다운 소식의 월간지밖에는 없다고 봅니다. 나같이 무식하고 가난하고 못난 사람이 이 월간지를 독단적으로 아무런 피곤 없이 발행한다는 것은 사람을 자랑할 일이 아니요, 하나님을 자랑할 일이 되는 것입니다.

혹자는 내가 머리가 비상하다고 말하고 있지만 하나님께서 허락지 않으면 한 자의 글도 쓸 수 없는 자입니다. 극도로 지식이 발달된 이때에 나 같은 무식한 사람을 들어서 기독교 종말의 변론을 하게 하시는 것은 때가 찬 하나님의 경륜이라고 믿습니다.

사명 동지 여러분께서는 5·15에 대중적으로 내렸던 축복을 하나같이 받으시되 좀 더 문서 운동에 새로운 출발이 있기를 바랍니다.

— 독자 여러분께 다음과 같은 부탁의 말씀을 올립니다. 이 책은 매달

정기적으로 보내 드리겠습니다. 아름다운 소식의 월간지는 여러 성도님들께 가장 필요한 책이라고 봅니다. 맑은 양심으로 기도하시면서 읽어 보신다면 아무리 피곤한 심령이라도 소성을 받게 될 것입니다. 왜냐하면 어떤 사람의 머리로 연구하여 기록된 책이 아니고, 이뢰자 목사님께서 지금으로부터 4년 전인 1967년 10월에 빈민굴에서 기도하시던 중 혀가 진동하는 일이 있은 후 입술에 항상 말씀이 같이하므로 입으로 부르시는 대로 기록한 책이기 때문입니다.

 입으로 불러서 기록된「말씀의 칼」,「인간론」,「성경해석법」과「요한일서 강의」,「조직신학」과「선지서 강의」,「계시록 강의」,「인간의 종말」,「새일성가집」을 이미 세상에 내 놓았고, 금년 1월부터는 정식 월간지를 발행하게 되었습니다. 매일같이「새일수도원」에서 수도생들에게 9시간씩 학과를 공부시키시며, 쉬는 시간에 제가 이 목사님께서 입으로 말씀을 불러주시는 대로 기록해서 원고를 작성하여 매달 발행하기로 되었습니다. 말씀을 받아 기록하는 사람으로서 부탁을 드리오니 널리 이해하시고 다음과 같이 해 주시기를 바랍니다.

 이 글은 이 목사님께서 기도하신 후에 입에서 말씀이 나오는 대로 성경 본문을 택하시고, 제목을 택하시고, 그 다음에 부르시는 대로 제가 기록할 때에 정확히 받아 기록하여 조금도 가감하지 않고 출판된 글이오니 이 글을 읽으실 때에 이 목사님의 저작으로 보지 마시고, 하나님의 성신의 역사로써 세상에 나타난 말씀인 줄 믿으시기 바랍니다.

 이 책은 성경과 같이 권위를 세우는 것이 아니고, 성경의 권위를 세우기 위하여 성경 본문을 그대로 설교할 수 있도록 한 변론의 말씀이라고 믿어집니다. 논설과 신앙 문답도 이 목사님의 입에서 말씀이 나오는 대로 제가 기록한 글이요, 특집까지도 꼭 같이 기록한 글입니다. 겸손한 마음으로 읽으실 때에 독자 여러분들께서 영적으로 이 글이 성령으로 온 말씀이라는 것을 깨닫게 될 줄 믿습니다.

　저는 수도생의 한 사람이었던 사람으로서 지금은 희생 봉사를 하고 있는 어린 사람입니다. 이 글을 제가 정서로 쓰려면 기도 없이는 도저히 쓸 수가 없고, 하나님의 성신의 돕는 은혜 속에서 기록하게 됩니다.

　제가 직접으로 목도하는 바에 의하면 이 월간지는 앞으로 하나님의 큰 축복이 올 것으로 믿어집니다. 왜냐하면 이 목사님께서는 말씀과 실천이 같으신 분이신데 조금도 쉬지를 못하시고 이 책을 발행하시기 때문입니다. 언제나 토요일에는 서울로 상경해서「새일중앙교회」를 목회하시고, 월요일에는 다시「새일수도원」으로 오셔서 매일같이 쉬지 못하시고 노력하시는 것을 제가 볼 때에 이것은 분명히 하나님의 특별한 역사라고 믿게 됩니다.

　그러므로 저는 다음과 같이 마음에 다짐했습니다. 마음과 뜻과 힘을 다 기울여서 정성껏 이 글을 정확히 기록하는 일을 해서 이 사업에 작은 정성이나마 바치고자 합니다.

　여러 귀하신 종님들께서는 부족한 저를 위하여 많은 기도로 도와주시기를 거듭 부탁드리겠습니다. 정식으로 구독 신청을 하실 분이 계시다면 다음과 같은 주소로 연락해 주십시오. 얼마든지 보내드릴 수 있습니다. 기록인 조신성 (특집편, 275쪽~)

43. 승복인쇄사 (1970.9.29)

 - 새일 문서 전도회 승복인쇄사가 1970년 9월 29일 정오, 개업식 예배를 이뢰자 목사 인도 하에 거행하고 현재 작업 중에 있습니다. 이 인쇄사는 전지 옵셋 인쇄기 1대, 제판시설이 완비되어 있고, 김왕복 집사가 운영자금을 전담하며 앞으로 국제적인 문서 운동에 큰 활동을 할 예정입니다. 누구든지 아름다운 소식 월간지를 읽어 보시고 이 진리 운동에 협력할 마음이 계신 종님이나 또는 인쇄 관계로 연락하고자 하시는 분은 전화(당시, 서울 23-5523)로 연락하시기 바랍니다.

 다음의 표어와 같이 우리는 반공 운동을 기독교 진리 운동 목적 하에 전력하며 기독교 종말에 맡겨진 우리의 사명이 아름답게 이루어질 것을 믿고 기도하며 나갑니다.

　　대표: 이뢰자　　지배인: 김진호　　외무: 박승복　　내무: 김왕복

● 승복인쇄사 노래 (성가 15장 곡)　(1970.9.30 새벽)
　1.　붉은세력 없이하는 멸공인쇄사
　　　이곳에서 출판되는 말씀의칼로
　　　마귀목을 잘라내는 승리가오니
　후렴: 할렐루야 영광돌려 우리는
　　　단결해서 말씀밝혀 승리하자
　2.　누구든지 받고보면 살길찾으리
　　　잠든자는 깨어나서 정신차리라
　　　우리살길 여기있네 와서뭉쳐라

● 표어

1. 우리는 동방에 임한 말씀을 세계만방에 선포하는 문서 운동에 전력을 다하기로 맹서한다.

2. 우리는 순교자의 피 값을 갚는 마지막 싸움의 승리는, 문서 운동이 필요하다는 것을 깨닫는 마음에서 사상적으로 단결할 것을 깨닫는 마음에서 사상적으로 단결할 것을 맹서한다.

3. 우리는 자아를 희생하고, 세계 인류를 거짓선지의 미혹에서 구출하는 것은 우리의 사명인 것을 믿고 돌진의 걸음을 걷기로 맹서한다.

새일 문서 전도회 승복인쇄사

44. 하나님의 친구로 인정 (1970.10.15)

● 여호와의 친구가 되는 인격 (창18:16~17)

- 하나님은 당신의 하려는 일을 아브라함에게는 숨길 수가 없다는 것이다. 아무리 가까운 사람이라도 그 비밀을 다 알릴 수 없는 인격이라면 그 인격은 불완전한 인격일 것이다. 조물주 하나님께서 그 비밀을 조금도 숨김없이 알려주는 인격이라는 것은 여러 가지로 하나님께서 까불어 보아도 변치 않고 나가는 사람이 될 때에 하나님은 그 사람을 인정하고 비밀을 다 알려주는 것이다.

하나님께서 아브라함을 여러 가지로 시험해 본 것은 그 인격을 검열

한 것이다. 그러므로 강대국가를 이룰 인격은 시련 가운데서 인정을 받은 인격이라고 보게 된다. (설교편1, 97쪽)

45. 최고 영계의 지도자로 결재 (1970.10.15)

- 최고 영계의 지도자로 하늘에서 결재가 나다.

46. 멸공진리 강연회

일시: 1971.3.22~23   장소:수운회관
제자들 거리 홍보: 신의 사람이 나타났다 (어깨띠)

● 멸공진리 강연회 총론
- 멸공진리라는 것은 초인간적인 하나님의 대적인 붉은 짐승의 정권이 망하게 된다는 것을 성경에 의하여 다음과 같이 말하고자 한다.
1) 인류 역사가 흘러오는 것은 어떤 인간의 정치나 권력 아래서 좌우되는 것이 아니고, 천지를 창조하신 하나님께서 선지를 통하여 인간 종말에 될 일을 빠짐없이 기록한 것이 글자 그대로 이루어지는 시대를 1971년이라고 하는 기간이 흘러온 것이다.

금일에 기독교가 세계적인 대종교가 된 것도 선지 예언이 이루어진 것이요, 역사적인 영토 전쟁보다도 세계 인류가 한 시간에 불탈 수밖에 없는 전쟁의 위기를 만난 것도 예언이 이루어진 현실이며, 또는 아시아를 중심하여 북방 궤휼자의 침략자의 배도적인 정권이 일어난 것도 예언이 이루어진 현실이라는 것은 똑똑한 증거가 된다.

  그렇다면 하나님의 역사가 동방에서 일어나 북방 세력이 망한다는 예언도 반드시 이루어질 것이다. 그러므로 멸공진리 강연이라는 것은 과거를 성경으로 말하는 동시에 현재와 미래를 성서로 증거해서 공산당은 분명히 선지의 예언대로 반드시 멸망한다는 것을 일반이 다 깨달아서 반공보다도 좀 더 강하게 멸공 운동을 해서 하나님이 보호하사 우리나라 만세라는 신앙 사상으로 싸워야 한다는 것이다.

 2) 멸공진리 사상 운동은 어떤 종교적인 교파나 정치적인 정당을 초월해서 다 하나같이 각성을 받고 금년 대통령 선거도 협상적인 정신을 용납할 수 없고 멸공진리 사상으로써 성스러운 투표를 해야만 될 것이며 우리나라는 멸공진리 사상으로 전 국민이 단결되는 나라가 되므로 하나님의 보호가 같이 할 때에 세계를 멸공진리 사상으로 지도하는 나라가 될 것이며, 북진 통일로 아시아를 통일시킬 때는 하나님의 역사가 우리나라에 같이하므로 된다는 것이 멸공의 초점이 되는 것이다.

 3) 우리는 이 진리 운동을 하기 위해서는 목숨을 바친 진리 용사를 일으켜서 진리 반공 단체가 이루어지므로 하나님의 큰 역사가 이 단체를 통하여 공산 사상을 굴복시키고 없애 버리는 승리가 있게 될 것이다. 한 사람이 싸운다는 것은 진리 운동이 될 수 없고, 단체가 일어나되 정치인이나 종교인이나 다 멸공진리 사상이 결합되어 싸워야만 된

다는 것이다.

 4) 우리는 '죽어 천당'이라는 것은 멸공진리 사상이 아니고, 진리를 우리에게 가르치신 하나님의 권세 역사가 반드시 우리나라에 같이하므로 세계 통일의 대승리를 이루어 동해물과 백두산이 마르고 닳도록 하나님이 보우하사 우리나라 만세라는 그 진리가 완전히 이루어진다는 것을 믿고 멸공진리 운동을 하되 전 국민에게 똑같이 이 사상으로 통일시켜 새로운 평화왕국이 이루어지도록 하는 것을 멸공진리 강연회 총 뜻이 되는 것이다.

 끝으로, 멸공진리 강연회는 이 총론 아래서 그때 성서에 기록된 것을 가지고 대중이 멸공진리 사상이 다 통일되도록 해서 우리는 백절불굴의 사상으로 이 나라를 받들어 싸우게 하자는 것이 멸공진리 강연회 목적이 되는 것이다.

47. 성전 수리 (1971.5)

 - 1964년 9월 24일 오전 3시에 홀연히 하늘로서 강한 벼락불이 쏟아져 계룡산을 덮고 불 속에서 음성이 들려오기를 「새일수도원」을 오늘부터 시작하라는 명령을 받은 지도 7년이 되었습니다. 계룡산에 기도하러 갔던 사람이 갑자기 단돈 2천 원을 가지고 수도원을 그날부터 떨리는 마음으로 시작을 할 때에 너무나 영적으로나 육적으로나 물질로나 애로가 많이 있어서 약한 이 사람이 수도원을 건축했지만, 천장과

위의 지붕이 완전히 못 되어서 그 동안에 다시 수리하지 않으면 안 될 형편에 있게 되었습니다.

　나무를 적게 들인 천장과 지붕은 무너질 형편에 있었지만 일전의 공사비를 준비치 못하고 있던 중, 어떤 종님들의 기도 중에 홀연히 천장과 지붕을 수리하게 되었습니다. 약 30만 원의 돈을 들여 천장은 완전 고급 천장을 하게 되고, 지붕도 완전히 다시 수리되므로「새일수도원」건물은 완전한 수리를 하므로 수도하는 종님들에게 괴로움을 주지 않게 되었습니다. (특집편, 175쪽)

48. 「인간의 종말」 출판 (1971.8)

　- 지금 5·15를 기하여「인간의 종말」이라는 책자를 하나님께 받아 기록하라는 명령을 순종하여 원고를 작성 중에 있습니다. 이 책은 외국어로도 번역하여 보낼 예정입니다. 누구든지 이 책을 읽어 보면 인간의 종말이 어떻게 된다는 것을 세밀히 알게 되었습니다. 이 책 출판에 대하여 사명 동지 여러분들은 기도 많이 하여 주시기 바랍니다.

●「인간의 종말」서론

　-'인간의 종말'이라는 책자를 세상에 내놓게 된 것을 감사하면서 말씀을 드립니다. 이때까지의「인간론」,「성경 해석법」,「요한일서 강의」,「조직신학」과「선지서 강의」,「계시록 강의」의 책들은 수도생들이

달마다 공부하는 학과이었습니다. 그러므로 이 책들은 공부를 해야만 그 내막의 뜻을 분명히 알게 되었습니다.

 그러나 인간의 종말이라는 책은 학과가 아니고, 누구든지 스스로 읽어 보아도 충분히 알게 되어 있습니다. 그러므로 이 책은 전도용으로 가장 필요한 책인 것입니다. 월간지는 성도들이나 목회자들에게 그달 그달 신령한 양식을 주는 데 도움이 되는 책이지만 인간의 종말이라는 책은 누구든지, 창세기 1장에서부터 계시록 22장까지의 비밀을 논설식으로 설명한 책이므로 필요하실 것입니다.

 8·15 성회 때까지 이 책이 완전히 출판될 것이오니 사용하실 종님들은 미리 책대를 준비하셔서 오시기 바랍니다. 책대는 약 100원 정도로 생각되오니 8·15 성회에 오셔서 사용하시기 바랍니다.

 이 책을 영어로 번역하고자 하오니 이 일에 대하여 기도로 도와주시기 바랍니다. 이날까지는 영어 번역이 허락이 없었지만 인간의 종말이라는 책은 완전히 전도하기 위한 책자로 외국에 나갈 것이오니 사명 동지 여러분은 외국에 전도 문서 운동을 하는 데 협력하여 주시기 바랍니다.

49. 둘째 아들로 결재 (1971.10.15)

- 한 가지로 인정 받다 (사11:1)

50. 뢰자 이름 국적 등록 (1971.12.23 15:00)

- 둘째 아들로 결재 난 후 개명하여 뢰자 이름 국적에 등록하다

1. 뢰자의 이름을 국적에 올려야 모든 만민이 축복을 받게 될 것이다. 이 나라에 뢰자라는 이름이 국적에 올라가지 않기 때문에 하나님은 축복을 내리지 않는 것이다.

2. 천하에 모든 물권을 뢰자에게 맡긴 것이니 이뢰자(李雷子) 이름을 이 나라에 등록할 때부터 물권의 축복이 백의민족에게 들어오기 시작할 것이다.

뢰자라는 이름을 이날까지 어느 나라든지 국적에 올린 일이 없지만 이제부터 국적에 올리는 일이 있으므로 하늘에서 정한 뜻이 이 땅위에 이루어지기 시작할 것이니 하나님께서 뢰자 이름을 국적에 올릴 때부터 하나님은 다음과 같이 축복할 것이다.

1) 정부를 직접 다스리게 될 것
2) 이 나라에 재앙을 거둘 것
3) 인심이 변동 될 것
4. 천사를 동원하게 될 것
5. 용사를 집결시키게 될 것

이와 같이 되므로 여호와의 영광이 동방에 나타나게 될 것이다.

● 개명 이유서 (改名 理由書) (1971.12.13)

- '뢰자(雷子)'라는 이름은 주 예수님께서 사랑하는 제자 요한에게 준 이름인데 요한은 그 이름을 숨겨 놓고 있었습니다. 왜냐하면 요한

은 인간 종말의 계시록을 밧모섬에서 하나님께 받은 사람인데 이 계시록은 붉은 세력이 침투할 그 때에 붉은 세력은 반드시 심판을 받게 되고 이 세상은 천년 왕국이 오는데 해 돋는 동방에서부터 계시록을 다시 해석해서 전하므로 붉은 세력을 이기는 역사가 동방에서부터 일어나서 하나님의 보호로 세계 통일의 새로운 왕국이 올 것을 말했습니다.

그러면 뢰자라는 이름은 붉은 세력이 세계를 침투하는 날에 붉은 세력을 계시록의 진리대로 물리치고 완전 승리를 이루는 사명적 이름입니다. 그런데 이 사람이 계시록의 해석을 1958년 3월 19일에 받아 기록하고 이것을 완전히 전하게 되었습니다.

그런데 계룡산 현「새일수도원」이 1964년 9월 24일부터 시작되는데 그 날 새벽 3시에 하늘로부터 불이 계룡산을 내리덮고 불 가운데서 우레 뢰(雷), 아들 자(子)를 주면서 너희 민족이 살려면 뢰자 이름을 가지고 수도원을 짓고 멸공진리 용사를 길러내라는 명령이 있으므로 그 날부터 수도원을 시작하는 동시에 7년간 뢰자 이름으로 서책이 「인간론」, 「요한일서 강의」, 「조직신학」 및 「선지서 강의」, 「계시록 강의」, 「말씀의 칼」, 「인간의 종말」, 「아름다운 소식」, 「새일성가집」, 「학생 공과」 등 수많은 서책이 뢰자 이름으로 발행됐고, 뢰자 이름으로 '새일교단 교단장'이 되며 70여 교회가 세워지게 되었고, 뢰자 이름을 가지고 외국에 선교사 3인을 보냈으며, 현재에 외국 연락이나 모든 전부는 7년간 뢰자 이름으로 되어졌고, 이제 뢰자 이름을 너희 나라에 등록해야만 공산당 이기는 역사를 하나님이 일으키겠다고 명령이 오므로 뢰자 이름을 국적에 등록코저 하오니 특별 조치로 개명을 하도록끔 처리해 주시기 바랍니다.

51. 성산 댐 완공 (1972.5.13)

- 성산 댐 공사 착수 (1972.3.1), 이날까지 성산에 불을 밝히지 못하여 여러 가지로 지장이 많던 중 백암동까지 전기 공사가 완전히 됨에 따라 수도원에도 전기 공사를 해야만 될 형편입니다.

공사비 예산은 70여만 원이라고 하는데 아무런 준비가 없이 공사를 시작할 수가 없던 중 2월 수도생들 중에서 충남 예산 삽교 성결교회 장로님 한 분이 이렇게 공부를 많이 하는 수도원에 전기 공사를 해야만 된다고 역설을 하면서 연보를 시작하여 지금 자진으로 진행 중에 있습니다.

우리 전국에 널려 있는 수도생들은 다 합심해서 성의를 다하여 전기 공사에 완전히 준공하도록 힘써 주셔야만 하겠습니다. 기도로 도와주시기 바라오며 성금에 대하여 다소를 막론하고 합심 협력하여 주시기 바랍니다. (특집편, 306쪽)

- 금년 5월부터 성산에 불을 밝히고, 하나님께 영광을 돌리게 될 것입니다. 각 곳의 성도들이 물심양면을 기울여 수력 전기 공사를 받들어 준 일에 대해서 뜻깊은 감사를 올리게 됩니다. 이미 시작된 일은 다 열매가 나타났는데 수력 공사만은 시작을 해 본 지가 7년이 되었지만 아무런 소망 없이 포기 상태에 있었던 것입니다. 그러나 금년 3월부터 내 마음에 격동을 받게 되어 무조건 공사 개발 예배를 드리고 아무런 준비도 없이 작업을 시작했는데 뜻밖에 모든 일이 속히 진행되어 불을 밝히게 된 것을 감사합니다.

밤낮으로 하나님 말씀을 배우고 있는 성산에 불을 밝히지 못한 나의 마음, 이제 와서 뜻깊은 감상을 가지게 됩니다. 왜냐하면 하나님께서 창조할 때부터 수력 전기를 할 수 있는 위치를 준비했다고 믿어지기 때문입니다.

저수지에서 200미터 수로가 산 중턱으로 순조롭게 돌아와서 100미터 낙차가 되어 자유롭게 전기를 사용할 수 있는 공사가 이루어진 것은, 수고를 아끼지 않는 젊은 봉사원들과 여러 종님들의 단합된 힘을 비롯하여 각 곳에서 보내 주신 공사비로 순조롭게 진행된 것은, 말씀을 보내신 하나님께서 기뻐하실 일이라고 믿게 됩니다. 하나님께서는, 인간이 볼 때에 작은 일 같으나 그 일을 통하여 영광을 받으실 것입니다. 분명히 이번 수력 전기 공사는 하나님께서 기쁘시게 받으시는 제사라고 봅니다.

이 공사를 위하여 물심양면으로 받드신 종님들에게 큰 축복이 나릴 것을 믿고 감사를 드립니다. 한 사람이 공사비를 바쳤다는 것보다도 모든 성도들이 정성껏 바치는 성금은 하나님께서 기꺼이 받으신 제사이므로 이 공사를 통하여 앞으로 성산에 입산하는 종들에게 큰 열매가 될 것을 믿습니다. (특집편, 312쪽~)

- 이날까지 성산에 가장 문제가 된 것은 불을 밝히지 못한 일이다. 그런데 금년 3월부터 수도생들이 마음에 격동을 받아 자진해서 성금을 바치기 시작했다. 성결교에 있는 어떤 장로님이 일금 만 원을 전기 공사에 바친다고 하면서 50명이 만 원이면 50만 원이 되며, 100명이 만 원이면 100만 원이 되지 않겠느냐고 한 것이 지금 큰 공사가 진행되고 있는 것이다.

금번 전기 공사는 시작할 때부터 어떻게 하면 된다는 생각이 떠올랐으며, 모든 일이 순조롭게 되어 가고 있다. 수로가 200미터로 돌아와서 100미터 낙차가 되는 것인데 저수지를 만들 곳도 천작으로 반석이 깔려 있어서 가장 편리하도록 되어 있는 것을 발견했다. 그리고 낙차 되는 곳에 물탱크를 만드는 데도, 파고 보니 아래에 반석이 천작으로 깔려 있어 가장 편리를 볼 수 있으며, 튼튼하고도 명랑한 수력 공사를 진행하게 되었다.

높은 산에 모래를 운반하는 것이 큰 문제이었는데 나라에서 새마을 운동을 하는 일에 의하여 성산에 도로가 자유롭게 차가 왕래할 수 있게 되어 직접 수력 공사 지대에까지 차로 모래를 운반하게 되었다. 그리고 국군이 자갈을 추려 가져가느라고 깨끗한 모래만 쌓아 놓은 것을 발견하여 6일간 쉽게 남선리 냇가에서 모래를 차로 실어 날랐다. 그러므로 조금도 부족함이 없이 성산에 전기 공사는 시작된 것이다. 전기 공사에 큰 문제가 되는 일은 자동적으로 해결이 되고, 지금은 저수지를 쌓는 일과 물탱크를 만드는 일에 활발성을 띠고 있다.

각 교회에서 성도들이 하나같이 격동을 받아 입산하여 힘으로 봉사하는 것은 누구나 탄복하지 않을 수 없다. 각 교회에서 가난한 성도들이 성심껏 공사비를 보내 주므로 모든 일은 완전히 되어 준공될 것을 확신한다. 7년 전에 성산에 불을 밝혀야 된다는 것을 기도 가운데 깨닫고 이 날까지 애써 보았다. 그러나 금번 5·15 성회에는 성전에 불을 밝히고 축복 받는 성회를 열게 될 줄 믿는 바이다.

금번 수력 공사를 하면서 뜻깊은 감상을 가지게 된 것은, 얼마나 단결이 되었으며 신앙이 자라났다는 것을, 실천하는 것을 보아서 알 수 있다. 우리 성산에 수력 전기는 큰 공사가 되지는 못하지만 누가 보든지 하나님의 창조의 신비성을 느끼게 되는 것이다. 금번 전기 공사에 물심양면으로 노력하는 성도님들의 가정과 제단에 이번 전기 공사가 성공됨에 따라서 큰 축복이 나릴 것을 믿고 기도하는 바이다. (특집편, 326쪽~)

52. 대강당 건축

● 성산에 대강당 기공 예배를 드리면서 (1872.6.7)

– 이날까지 대강당 문제로 여러 곳에 자리를 찾던 중에, 5월 27일 새벽 강단에서 문득 영감이 떠오르기를 성산 댐 아래의 장소를 가 보라는 것이었습니다. 새벽 예배를 드리고 분주한 걸음을 걸어 그 장소를 가 보니, 과연 대강당 터가 될 만한 장소인 것을 발견하고 나는 다음과 같이 생각했습니다.

하나님께서 대강당 터를 성산 안에 숨겨 놓았다가 오늘에 와서 내 눈을 열어 주었다고 생각이 됩니다. 이 사람은 어리석게도 백암동 평지에 장소를 택정하여 대강당을 지으려고 생각해 왔던 것입니다. 그러나 하나님의 예정은 이것이 아니었다는 것을 알게 되었습니다. 가장 신선하고도 명랑한 위치에 대강당 장소를 정하고 6월 7일 기공 예배를 드렸습니다. 그런데 이 대지는 바위가 꽉 덮여 있으므로 석공 기술을 가진 사람이 없어 가지고는 도저히 어찌할 수 없는 곳입니다.

그러나 매일 석공 기술을 가지고 2, 3천 원의 수입을 벌 수 있는 사람이 직장을 떠나서 자진하여 대강당 건축을 위하여 희생 봉사를 하겠다는 청년 용사가 성산에 들어왔으므로 아무런 지장 없이 해 나가게 되었습니다. 그리고 일생 동안 목공에 몸 바쳐 일하던 종이 자진하여 성산에 들어와서 대강당 건축의 목공을 맡아 하겠다고 하면서 희생 봉사를 하기로 하였습니다. 이렇게 되고 보니 석공 기술자와 목공 기술자가 자진해서 봉사하겠다는 마음도 분명히 하나님께서 역사하셨던 것입니다.

희생 봉사할 종들이 자진해서 나타나게 되어 성산 대강당은 자재만 구입하면 얼마든지 순조롭게 지을 수 있게 되었습니다. 건물은 200평으로 할 예정입니다. 대강당 장소는 순 반석 위에 돌로 대지를 닦게 되므로 자동적인 반석 위에 200평 건물을 우렁차게 세울 예정입니다. 위치를 말하자면 다음과 같습니다.

계룡산 상봉을 뒤에 놓고 남향으로 놓인 대지에 옆에는 반석 위에 맑은 폭포수가 흘러내리고 있습니다. 성전을 지을 자연색 돌은 성전 대지를 중심하여 얼마든지 쌓여 있으므로 자재만 구입하면 돌과 시멘트로 놀라운 석조 건물을 지을 수가 있습니다.

이 강당은 대성회를 목적하고 건축하게 됩니다. 이 대강당을 건축한다면 특별 호소 집회를 얼마든지 자유롭게 할 수 있습니다. 수도원은 70평 건물로 공부는 하고 있지만 특별 호소 성회를 열 만한 장소는 되지 못합니다. 200평 건물을 건축하면 전국에 있는 사명자들은 때를 따라 자유롭게 대회를 열게 될 것입니다.

이 일에 대하여 기도로 도와주시기를 부탁하오며 이 건축에 노력으로 봉사를 할 만한 힘이 계신 분은 이 기회를 놓치지 마시고 입산해 주시기 바랍니다. 자재를 구입할 비용도 누구든지 자진해서 도와주시면 감사하겠습니다. 이 대강당이 완공되지 못한다 하여도 8·15 대성회는 여기에서 열 계획입니다. 이것은 여러 사명자들의 합심 협력이 있으므로 8·15 성회에 큰 축복을 받는 일이 있을 줄 믿습니다.

금년 8·15 특별 성회는 현 수도원에서는 도저히 해 나갈 수가 없다고 봅니다. 대강당을 세우는 것이 가장 하나님이 기뻐하는 일이라고 믿고, 우리 수도원 봉사원들과 여러 청년들은 터를 닦기 위하여 밤낮으로 희생 봉사를 하고 있습니다. 아무쪼록 여러 사명 동지들은 이 대강당을 통하여 하나님께 영광 돌리는 일이 되기 위하여 합심 협력해 주시기를 부탁드리는 바입니다. (특집편, 345쪽~)

- 6월 7일에 대강당 건축 기공 예배를 드리게 될 때에 8·15의 대성회를 여기에서 해야만 된다는 격동을 받게 되어 수도생들은 다음과 같이 결심을 했던 것입니다.

첫째: 쓰러지기까지 노력을 바친다는 것이요,

둘째: 대성회를 열어야 할 때가 왔다는 것이요,

셋째: 하나님의 명령에 절대 순종하자는 것입니다.

이와 같은 세 가지 마음을 가지고 대강당 기공 예배를 본 뒤에 간곡한 기도가 중심되어 그 즉시에 수도생들의 노력으로 공사를 착수하였습니다.

그 동안에 물재 구입에 백여만 원이나 되는 것을 여러 가지 방면으로 지불하고, 그밖에 석공이나 목공이나 모든 잡부는 일전도 인건비를 소비한 일이 없이 다 희생 봉사로 이루어진 것입니다. 그러나 희생 봉사자들의 식대와 그밖에 모든 잡비는 성금에서 지출되어 현재에 지출 비용이 200만 원에 가까워졌습니다.

　150평의 대강당은 8·15 대성회를 할 수 있는 정도에까지 이르렀습니다. 이것은 전부가 수도생들의 물심양면을 기울여 뭉쳐지는 힘의 열매라고 봅니다.

　석조 건물은 두 자 넓이로 담을 싸서 16자 높이로 하되 넓이가 60척, 길이가 90척 정도에 아무리 비가 와도 자유롭게 집회를 할 장막을 이루었습니다. 이날까지는 장소가 좁아서 사람이 많이 올까 봐 널리 광고를 못했지만, 금번 대성회는 얼마든지 널리 광고할 수 있는 활동을 하게 되었습니다.

　금번 대성회가 대강당에서 열려진다는 것은 홀연히 아무런 예산 없이 이루어지는 일이므로 완전한 설비는 다 되지 못했지만, 이미 수도원의 설비가 되어 있고, 수도원을 중심하여 대강당이 건축되었으므로 얼마든지 자유로운 대성회를 열게 되었으니 누구든지 자유롭게 와서 아무런 지장 없이 축복을 받게 될 것이 확실합니다. (특집편, 376쪽~)

53.　하나님께서 부르심 (1972.8.7 13:30경)

- 하나님의 모략 속에 부르심을 받다.

부 록

베드로와 요한의 사명 차이점

이뢰자 목사 약력 도표

◎ 베드로와 요한의 사명 차이점

-요21:15~25-

서 론

하나님께서 베드로와 요한을 특히 대표적인 자로서 인정했다는 것은 누구나 다 시인하는 바이다. 그러나 대표적인 두 사도의 사명의 차이점을 분명히 말씀하신 것이다. 이것은 두 사도에 관한 문제가 아니고 기독교 종말의 시대에 관한 문제가 결부된다는 사실을 알아야 할 것이다.

이제 사명의 차이점을 말하자면 다음과 같이 사명을 구별하여 말할 수 있는 것이다.

1. 베드로의 맡은 사명 (15~19)

주님께서 당신을 부인하던 베드로에게 세 번까지 반복하여 물어 본 것은 이 사람들보다 네가 나를 더 사랑하느냐 하는 문제인 것이다. 이것은 주님이 베드로의 심정을 몰라서가 아니라 베드로의 겸손을 요구하는 말씀이었던 것이다. 왜냐하면 십자가에 못 박히기 전에 모든 제자는 다 부인할지언정 자기만은 주를 위해 죽겠다고 장담한 사실이 있었기 때문이다. 큰 사명을 가진 종이 가룟 유다 외에 더 큰 실수를 한 자는 베드로였다. 그러나 베드로가 끝까지 주님을 따라갔기 때문에 이런 실수도 있었던 것이다. 베드로가 미리 도망했던들 이런 과오는 없었을 것이로

되 끝까지 죽어도 같이 죽겠다는 마음을 가지고 따라갔던 것이다. 그러므로 실수가 있어도 제일 열심이 있다고 인정되는 것이다. 주님은 "네가 얼마만큼 나를 사랑하는 중심이 있어서 애썼다는 것을 내가 아는 것이니 너는 낙심 말고 내 양을 먹이라"고 하신 것은 은혜 시대의 양떼에게 양식을 나누어줄 복음의 총 책임자로 너를 세운다는 약속인 것이다.

그러므로 주님께서는 베드로를 들어서 높이 썼던 것이다. 이방 땅에 복음을 나가 전하는 일에 문을 연 자도 베드로요, 예루살렘 교회에 큰 부흥을 일으킨 자도 베드로요, 기독교 역사에 제일 큰 이적을 먼저 행한 자도 베드로요, 심지어 옥에 갇혔어도 천사가 그를 옥에서 해방해 준 일도 그의 사명이 컸기 때문에 천사까지도 동원했던 것이다. 주님은 사명을 맡긴 후에도 사명을 감당하도록 역사해 주겠다고 말할 적에 네가 나를 위하여 십자가에 죽음으로써 하나님께 영광을 돌린다는 것을 말했던 것이다. 주님은 사명자에게 그 사명을 감당하도록 해주는 것이 주님의 책임이라는 것을 말했던 것이다.

2. 요한 사도의 사명 (20~23)

베드로는 요한 사도의 사명을 주님께 물었던 것이다. "이 사람은 어떻게 되겠습니까?" 하는 질문이었다. 주님께서 말씀하시기를 "내가 다시 올 때까지 머물러 두신다"고 하셨다. 이것은 요한의 사명을 말한 것이다.

요한의 사명은 주님이 다시 올 때에 이루어진다는 것을 말한 것이다. 이것은 사도 요한이 사명적으로 받은 계시록은 당신이 재림할 때에 이루어질 사명이라는 것을 말한 것이다. 그러므로 베드로를 들어서 크게 역사했다는 일은 있으나 요한을 들어서 크게 역사했다는 일은 없는 것이다. 인간의 생각으로 본다면 베드로보다도 요한이 더 크게 쓰여져야 할 믿음이 있다고 말할 수도 있을 것이다. 왜냐하면 주님이 제일 사랑하는 제자요, 십자가 밑까지 실수 없이 따라가 십자가 앞에서 주님 대신에 아들이 된다는 맹세의 부탁을 받은 사도이다. 그러나 사도 요한을 들어서 큰 부흥이나 큰 이적 기사를 나타낸 일은 조금도 없는 것이다. 요한은 장로의 한 사람으로서 성모 마리아를 끝까지 받들어 효성을 다한 제자의 한 사람이었다.

 그가 제일 깊은 주님의 교훈을 직접 받아서 쓴 일은 있으나 큰 놀라운 역사는 없었고 모든 제자가 다 순교를 당했지만은 그는 구십 노령으로 밧모섬에 가서 말세의 영원한 복음이 되는 안식에 들어갈 남은 종과 남은 백성이 읽고 듣고 지켜야 될 계시록을 받아서 기록하여 세상에 전한 것이다. 그러나 이 계시록은 이 날까지 봉한 책으로서 전하지 않고 머물러 있었던 것뿐이다.

 이 계시록의 비밀은 주 강림시 재앙의 날에 전해야 될 사명자가 다시 꿀같이 하나님께 받아먹고 쓴 것이 있지마는 세계 만방에 다시예언한다는 것을 사도요한은 계시로써 받은 것뿐이다(계10:8~10). 사명적인 이름까지도 베드로는 사명적인 이름을 불렀으나 요한은 우레의 아들(보아너게)이란 이름을 받았지만 숨겨 두고 만 것은 그 뢰자(雷子)라는 이름은 심판이 나릴 시기에 해당되기 때문이다.

 그러면 재림시에 전할 복음을 왜 요한에게 미리 계시를 주었느냐에 대하여 다음과 같은 이유가 있는 것이다. 성경을 완전한 책으로 이루어 놓음으로써 그 책을 만방에 전할 것이기 때문에 신약전서를 완전히 구성하기 위한 것뿐이었다. 그러므로 종말의 증인은 다시 해석해서 증거함으로써 다시 예언자라고 말하게 되는 것이다.

만일 금일에 와서 어떤 사람이 계시록을 맡아 가지고서 성경이 다시 나온다고 하면 이것은 혼선 중에 혼선이 될 것이며 기독교는 완전한 진리가 구비된 것이라고 말할 수가 없을 것이다. 하나님은 예지와 예정이 계신 동시에 어떻게 종말에 가서 세상에 환란, 재앙, 심판을 내리며 어떻게 종을 들어서 쓰며 교회를 어떻게 보호해서 남은 종과 남은 교회로써 새 시대를 이룬다는 것을 분명히 가르친 것이 사도 요한이 받은 종말의 복음이다.

결 론

베드로는 교회의 기초를 놓아 터를 닦은 복음의 역사라면 요한의 사명은 기독교가 끝을 맺는 즉, 알곡을 모아 곡간에 들이는 추수기의 사명이 된다는 것이다.

다시 말하면 믿음으로 말미암아 중생을 받고 성령을 받는 것이 베드로를 통해 받은 복음이라면 예언의 말씀을 읽고 듣고 지켜서 재앙의 날에 재앙을 받지 않고 구원 받는 복음은 기독교 종말에 끝을 맺는 역사가 될 것이다. 세밀히 말하면 은혜 시대 역사의 대표적인 사도는 베드로요, 환란 시대의 대표적인 사도는 요한이라고 볼 수 있는 것이다.

◎ 이뢰자 목사 약력 도표

일 시	내 용	비 고
1915. 11. 4	출생 - 황해도 곡산	음력 9.27
1931.	중생 체험	17세
1932.	강단 생활 시작	19세
1949. 4.22	북에서 월남	사41:25 상반절
1950.	교회 개척, 6·25 동란	강원 홍천, 인제
1953.	고려신학교 입학	
5.	십자가 상의 주님 나타남	
1955.12.23	보수동 교회에서 쫓겨나다	학업중 건축
1956. 1. 4	중심 성결 응답 (1955.12.27~56.1.4)	대한수도원
?	부산 영도침례교회 부임	
1957. 5.21	10개월 철야 시작	
1958. 3.19	요한 계시록(4~14장) 해석을 받다	
3.20	신창조를 받다	사43:1
4.20	'스룹 바벨'을 받다	
6.	부여 세도침례교회 부임	
1959. 2. 9	기도중 각장 총론이 영음으로 알려오다	
1960. 2. 9	그대로 증거하겠다는 맹세 세우다	
3. 1	'말세 비밀' 출판, 전국 부흥집회	
1964. 8.19	향로봉 기도, 십자가 기호, 11장 성가	
9. 4	계룡산에 들어가다	
9.24	'새일수도원' 건축 명령	
1965. 1. 2	국가를 위한 40일 금식 기도 명령	일곱 별
5.15	'새일수도원' 헌당식	
1967. 6.29	엘리제단 건축 명령. 여호와 이름 부름	

	내 용	비 고
7. 1	순교 응답	
7. 6	성산에서 쫓겨나다	
7.21	엘리 제단 헌당식	
7. 하순	하나님께 7가지 인정 받다	
7.29	권세 위임식과 예수님 기도	
8.10경	비밀굴로 가다	
8.15	'권세 새 힘'을 받다. 오후 3시경	사40:31
10.15	입에 말씀이 임하여 '말씀의 칼' 쓰다	사28:11, 59:21
12.	'말씀의 칼'을 출판	
12.23	성산 복귀	
1968. 1. 1	'여호와 새일교단'을 창립	사41:25 중반절
5.27	수도 학과 서책의 말씀이 오다	오전 7시
1969. 2.18	유성의 영 가고 뢰자의 영이 오다	오전 5시
3. 1	완전 영감으로 뢰자 영이 말하기 시작	
8. 1	하늘 영양 받다	
10.15	여호와의 신 (일곱 영)을 받다	사11:2~3
1970. 3. 1	'새일중앙교회' 창립. 남산공원 앞 도동	
7.	「아름다운 소식」 발행 시작	6.17 쓰기 시작
10.15	친구로 인정, 최고 영계 지도자 결재	
1971. 3.22	멸공진리 강연회 (22~23, 이틀간)	수운회관
8.	「인간의 종말」 출판	5.15 쓰기 시작
10.15	둘째 아들로 결재	
12.13	뢰자 이름 국적 등록	
1972. 5.13	성산 댐 준공하다	3.1 기공식
6. 7	대강당 기공식 예배	
8. 7	하나님께서 부르심	오후 1시경

이희자 목사 걸어온 길

발행일	2019년 10월 15일
엮은이	김정윤
펴낸이	김정윤
펴낸곳	새일과새시대
등록일	2010년 8월 2일
등록번호	제2010-49호
주소	서울시 용산구 한강대로 270 3층
휴대폰	010-7171-1691(인류구원)
전화	(02)888-7191
팩스	(02)888-7192
이메일	newthing@newthing.kr
홈페이지	www.newthing.kr
트위터	newthing1691
ISBN	978-89-97098-21-7

- ⓒ 판권은 「새일과새시대」에 있습니다.
- 책값은 뒤표지에 있습니다.
- 잘못 만들어진 책은 교환해 드립니다.
- 이 출판물은 저작권법에 의해 보호를 받는 저작물이므로 무단전재와 복제를 금합니다.

「새일과새시대」는 선지예언대로 대한민국에 나타난 말세복음(심판의 다림줄의 진리)을 온 세계에 전파하여 재림의 주를 맞이할 수 있도록 하기 위한 문서운동의 사명을 가진 출판사입니다.